8090后

80 90 HOU YANGWA QUAN
GONGLUE

养娃全攻略

【美】蔡伟忠 博士 著

Dr. Weizhong Cai

中 国 农 业 出 版 社

前 言 QIANYAN

80、90 后是中国社会结构一个断层的跨越，如同电信业没有经历铜线阶段直接进入光纤阶段一样。在你们的成长过程中，没有经历 60、70 年代的艰辛，物质条件相对富裕然后直接进入追求精神层面的阶段。

你们因为从小接触西方的价值观，文化程度比父母高，而且很多是独生子女，于是助长了个人主义和自主意识。可是整个社会的观念还是以家长式的独裁支配方式为主，于是经常出现思想和生活上的冲突。

当你们自己做了父母，你们希望在孩子身上可以补偿你们成长过程缺失的自主元素，于是就很容易跌进那些鼓吹"没理性自由"的陷阱。当然也有部分的你们是没有太多思考，觉得教育孩子就是重复自己过去的成长过程，直到孩子出现问题才惊觉需要学习。

因为许多时候，孩子的行为其实就是父母的行为在孩子身上的反映，对孩子的不满意，父母往往是对自己潜意识的不满意。

而更多时候，当我们从自己的影子（孩子的行为）中看到了并不让人满意的行为的时候，能够做自我反思的并不多！成人有着较丰富的经验和阅历，能够隐藏和掩饰自己的真实内心，而孩子不会这样，孩子只会将看到的、学到的、真实的一切反映出来！孩子就是你们的"镜子"，孩子将成人真实的一面展示给成人，当成人的"身教"而成的"内化"表现得令人不满意的时候，你们其实是不满意自己！

你们也不容易，既要追求自身的生活模式，同时要兼顾养育孩子的工作；既要老人帮忙带孩子，又不满意他们的教养方式；既要孩子自由，又怕孩子输在起跑线；既要孩子进理想的幼儿园，口袋又缺钱……

作为一个美籍华人，我深深明白你们的困惑，这种困惑不止是育儿的困惑，甚至是因为孩子带来对人生价值观的反思。

我希望这本书可以给你们一些帮助，用我人生的经验指引你们，让你们不仅可以在育儿路上畅通无阻，而且能拨开人生路途的迷雾。因为你们是国家的未来！

我认为教育最终是，希望"受教育者可以通过不断打造自身的幸福人生，从而更好地延续人类这个物种"。

而"幸福人生"源自三方面：和原生家庭的情感，自身家庭的情感，和家庭以外群体的情感。这三方面的情感得到满足，自然感觉幸福。

要在这三方面的情感得到"满足"。不管是哪一方面情感满足道理都一样，首先是在该集体获得安全感，然后是归属感，最后是荣誉感。安全感源自该集体给予个体关心和情感支持，归属感源自参与集体的参与度，荣誉感源自为集体建设（贡献）——延伸最后是更好延续人类这个物种的结论。

原生家庭父母对孩子情感循序渐进的了解和支持，决定孩子从原生家庭获得的幸福指数。自身家庭的情感建立，在过去基本决定于一家之主的成长经历，而现在可以通过自身学习而调整。

除了原生家庭和自身家庭，每一个人在人生过程中都需要和不同的群体打交道，而自身知识和能力决定了在群体的归属感（认同感）和荣誉感（贡献能力）；内心能量强大决定了在不同群体的学习能力（解决问题能力）；人格的健全决定了在各种群体的适应能力。而这些恰恰也是决定于童年成长的环境，所以幼儿教育会影响人的一生。

当然方法非常重要，没有不爱孩子的父母，但往往因为不专业，结果"爱变成害"，所以我设计了一些简单实用的育儿方法让大家很容易进行操作。例如"先情后理"——先和孩子交流情感，然后教育孩子的方法。

最后祝愿你们可以好好享受育儿的过程，同时实现自身的完美成长！

2015.1

需要继续学习的父母，欢迎加到由义工组织的游戏中学习群：138207328

目 录

高级篇　五岁以上

初级篇

零到三岁

第一章
"幸福"都去哪儿啦

苹果公司的创始人乔布斯幸福吗？

他拥有财富、名誉、权力、影响力、粉丝，世人对"成功"定义的元素他基本上全部拥有，而且是位于全球之首列。但乔布斯的一生幸福吗？

"养儿一百岁，常忧九十九"是中国的传统文化，大部分中国父母的一生在为子女的担忧中度过。从幼儿期担心是否适应幼儿园，到儿童期担心进什么学校，然后担心青春期会不会学坏，接着担心进什么大学，大学毕业后还要担心工作、房子、配偶等。这种担忧可以说是中国父母生活的一部分，是中国人基因里的群居意识，与中国以农立国的背景紧密相关。

但是过去有多少父母会担心孩子是否"真的幸福"、会思考什么是"真的幸福"？在那些艰苦年代成长的父母会理所当然地认为拥有"社会公认的成功标准"就是幸福，例如大房子、名牌汽车、成功的事业、配偶和可爱的孩子。所以"不要输在起跑线"深入那一代父母的心里。可是乔布斯幸福吗？

作为新一代的父母，扪心自问，你自己"真的幸福"吗？你心里向往的是什么样的生活？你有没有午夜梦回的时候，突然想放下一切，孤身上路寻觅另外一种生活的冲动？

其实就算你真的孤身上路重新寻找幸福，最多也就是一种新的刺激和经历让你短暂地兴奋和麻醉。过了一段时间，你又会开始迷失。

因为，幸福是一种动物本能的学习，和爱一样，只有通过模仿和实践中学习才会掌握如何给予幸福和获得幸福。学校教材教学的内容，只能够教出会说书本道理而不一定懂得去做的人。而大部分80、90后父母和我的父母一样，为了生活劳累着，可能文化水平也不高，所以在大部分80、90后的成长过程中，父母没有很好地以身作则教育子女怎样获得幸福。因此当80、90后自己成为父母后，开始迷茫。因为自身感受到需要追求的是"幸福"，同时想给予孩子的已经不只是"不要输在起跑线"！

我认为乔布斯一生都在追求填补一个永远填不满的黑洞——亲生父母遗弃他，对他造成的人格缺陷。因为亲生父母的遗弃，乔布斯缺乏了最基本的自我认同感，然后在成长过程中又没有及时进行心理治疗，于是潜意识里不断驱动自己努力去证明给内在的自己看："我是很有价值的人"，结果终身活在这个纠结里。其实不止乔布斯，很多人都是活在类似的童年缺失"幸福"阴影里。有的人一生在追求"爱"，结果变成不断"恋爱"；有的人不断在证明自己有价值，结果走了歪路进了黑社会；更有的人在填补童年的贫穷，不断追求财富，结果变成"财奴"。

用心理学用语来说，活在童年缺失或者阴影的人的人格是扭曲的。只有健全人格的人是幸福的，由于没有太多的童年缺失，所以敢于以真实的自己面对任何人。健全人格的人内心能量强大，能够以平和的心态做抉择。

这种健全人格奠基在成长过程中获得每一个阶段的"满足"，"满足"了对自我的认知；"满足"了他人的关爱；"满足"了集体里的身份认同……不会迷恋、纠缠在过去的人生阶段，可以接着追求下一个新阶段的人生。"幸福"就是可以按照生命的节奏，一个一个阶段地走下去！

对 80、90 后父母来说，育儿过程是一个凤凰涅槃的机会，在育儿过程中，父母不但可以反思自身成长的过程然后作出心理调整，而且可以通过认真学习育儿重新体现自己的价值，从而放下过去成长的缺失。最终，成就自身和孩子的"幸福人生"！

一、幸福奠基在这些通俗儿童心理学之上

首先是安全感，然后是归属感，最后是荣誉感。

安全感是熟悉，经常见面就会熟悉（所以曾经有孩子把保姆当作妈妈），固定环境就会熟悉（领事馆工作的父母最头痛），空间小一点就会更快熟悉（所以不要给孩子太大的房间）。

归属感是孩子在家里有参与权和选择权，从差不多两岁开始就应该给孩子自主空间（起码是感觉自主的安排，例如二选一）。

荣誉感就是孩子觉得自己在家里有所贡献，所以从小要让孩子帮忙做家务，然后表扬孩子"谢谢你，帮家里做了这些家务，家里有你更舒服。"

利用这些元素就可以建立正能量家庭环境

①消极思维：孩子不听话；正能量思维：我要和孩子进行更多亲子活动，一起去"听话"；

②消极思维：孩子依赖；正能量思维：我要开始装傻和笨；

③消极思维：这是孩子的错；正能量思维：找出家里什么问题导致孩子出现这个不正确行为；

④消极思维：孩子不爱学习因为老师不喜欢他；正能量思维：怎样让孩子喜欢这个老师；

⑤消极语言：今天幼儿园有没有被欺负（乖不乖，听不听话……）；积极语言：今天在幼儿园肯定很开心，如果妈妈也可以上幼儿园，妈妈也会好开心哦。

以此类推，举一反三。

（一）要知道，幼儿不会选择什么该学什么不该学，只要看到的就会学习，所以父母要为他做好选择

幼儿学习有一个特点：不经过选择地学习，只要看到的便学习，所以要注意孩子成长的环境。影响孩子的可不只是父母及老师，在这个年龄，间接的教育比直接的教育影响大多了。因为孩子不管对错，只要能接触到的，他们就会毫不过滤地吸收。

由于孩子还没有建立对不良信息的免疫力，总之看到的便会吸收学习，所以身边的所有信息都会影响孩子。特别是电视带来的信息，对孩子的影响更是不容忽视。

如果因客观情况没有办法改变周围环境，那么就要把环境先封闭，减少孩子接触不良信息的机会，然后再慢慢开放。

而作为父母，你们的行为对孩子影响就更大，资深的老师都可以从孩子的行为推测到父母的情况。教育工作者都知道孩子是父母的镜子，反映了父母的情况，所以父母必须重视在孩子面前的语言及行为。

如果父亲每天下班回家都和母亲发牢骚，孩子以后就会以牢骚面对世界；相反，如果父亲每天下班回家都以乐观开心的心情谈论一天的事情，孩子就会以乐观面对未来世界。

如果父母天天在孩子面前谈论金钱的好处，孩子就会以追求金钱作为人生的目标；如果父母是谈论追求人生价值体现，孩子就会追求实现个人价值。

如果父母总以批评别人为谈话内容，孩子以后就会以批评别人为乐；如果父母在谈话中经常欣赏别人，孩子以后也会欣赏别人。

可见，父母的人生价值观、对人对事的态度等都会成为孩子学习的对象，并且潜移默化地对孩子产生深刻的影响。

从另一个角度看，幼儿的诞生也带给父母重新反思学习的机会——反思自己的行为习惯、价值观等是否已经足以作为孩子学习的榜样，从而使自己得到改变和提高。可以说，孩子才是父母的启蒙者。

（二）原来孩子是用眼睛学习，不是用耳朵

许多成人教育孩子最常犯的错误，是用嘴巴吩咐孩子该怎样、不该怎样。这种做法不但不能教育孩子，还干扰了孩子的学习规律。

有一次我去一所幼儿园培训，进门口后就看到一个小班的老师在训斥孩子。原来有孩子打翻了一筐玩具，老师很生气，要孩子主动承认是谁做的，小班孩子当然不会有谁承认。老师于是把几筐玩具打翻，要孩子学习收拾玩具。我当时没做声。午饭后我到那个班，把老师找过来，然后在孩子面前假装打翻一筐玩具。立即有一个孩子走出来，学习老师早上的行为，把几筐玩具打翻。可见孩子是用眼睛学习身边成年人的行为，所以身教才是最有效的教育法。习老师的教育行为，而不是用耳朵学习老师的

我也来帮忙

孩子对语言的理解不多，更多是用眼睛学习，用眼睛

教育要求。试想想，当你和孩子去吃快餐，吃完后你自己乱丢垃圾；当你开车送孩子时，不遵守交通规则或随便插队，这些行为会对孩子带来怎样的影响？

你凶恶地斥责孩子，孩子就学会凶恶地对人，包括对你。你能够控制情绪，心平气和地教育孩子，孩子以后就会心平气和地对人对事。

总之，孩子对语言的了解不多，更多地是用眼睛学习，学习身边成年人的行为，所以身教才是最有效的教育法。

（三）父母的基因决定了孩子的潜能

遗传基因决定了孩子未来的性格气质、身体发展、智力特征等，也是我们没有办法改变的先天条件——世上就只有一个姚明。

虽然我们没有办法改变基因，但是可以充分发挥它们的能量。基因决定潜能的上限，但是绝大部分父母都没有把本身基因的潜能发挥得很好，甚至可能不清楚自己的基因特点。贝多芬的父母可能也是音乐天才，只是缺少后天的环境和机会。

要发挥先天基因的潜力，就要靠后天的环境。所以父母要重新分析自己，根据自己先天基因的特点，设计能充分发挥它们的后天环境。千里马常有，伯乐不常有。不知有多少天才是被俗世的制度糟蹋了！

近年来的脑科学研究发现，幼儿的神经系统是采用淘汰方式发展的。婴幼儿的神经系统比成人复杂，简单说，就是比成人多。然后在婴幼儿期，会根据生长环境决定保留哪些及淘汰哪些神经线路。所以幼儿模仿发音的能力比成人强，因为他们的口腔神经系统比较精密，能够控制口腔作出不同发音所需要的形状，但到八岁后就基本保留八岁前需要的神经系统。那些被淘汰的能力以后就算是重新学习，用的也是不同的系统。科学家研究幼儿学外语和成人学外语时大脑的工作情况，就发现是两个不同部分在工作。

可见，为孩子设计合适的成长环境才能充分发挥基因的优势——这也不是什么新鲜事情，几千年前我国的孟母就已经知道要为了孩子而三迁其所！

（四）孩子可能把你当玩具：读懂孩子的心里话

有时候孩子很不听话，你觉得他好像是故意捣蛋。这不奇怪，在幼儿的世界里，父母的生气只是一种反应，就像用手滚球一样——推动球，球就会滚动。孩子很喜欢重复这些有因有果的活动。

有时孩子故意惹你，很可能只是把你当玩物，要你生气便生气，要你开心就开心，把你操控在手上。对于年纪稍大的孩子，捣乱行为可能只是想得到父母的关注。

有一次我去朋友家做客，孩子在房间玩游戏，成人在客厅聊天。朋友夫妻和另外两个朋友在商量，想下个周末把孩子送去他们家玩，朋友夫妻好过二人世界。过了一会儿，朋友要孩子出来，孩子不出来，还很大声地说"不"。朋友很生气，说孩子以前从来不像这样没礼貌。

我走到房间问孩子，是否不想周末被送到别人家里，他低头说是的。孩子有时不听话，可能只是在测试父母的爱而已。

所以教育孩子时要保持心平气和的情绪，学习读懂孩子的心里话，学习从孩子的眼睛及肢体语言——一般来说可分为恐惧、讨厌、不喜欢、累、信任、依恋、好玩、捉弄、享受——了解他真实的内心世界。通过细心观察，原来读懂孩子的心不是太困难的事。

（五）原来孩子打架是正常行为

种子从播种到成长之间有固定的几个阶段，每一个阶段都需要符合该阶段的环境，例如发芽期就需要大量的水。假如没有恰当的环境，就算勉强到了下一个阶段，也是不健康的。

孩子的成长和种子一样，也有一定的阶段，每个阶段都需要具备独特的条件才能健康过渡到下一个阶段。生理发育需要食物营养和适当的运动才能按阶段发展，心理发育同样需要合适的环境才能按阶段发展。心理发展阶段是从本我到自我，最后再到超我的阶段（详见备注）。

心理发展中最重要的环境之一是自发性行为。所谓自发性行为，就是自我表达自己的要求，不喜欢别人插手干扰。这个阶段是孩子建立自我意识的重要阶段，没有自我，就到不了超我的阶段。

大部分妈妈都会经历孩子抢玩具打人的过程。其实，一个两岁孩子抢别人玩具还打人是正常行为，虽然正常行为不等于是正确行为。对于一个两岁孩子来说，眼前所有东西都是他的，打人是保护自己的本能。要是你用严厉的行为阻止他、责备他，他这个阶段没有完整经历过，心理发展就到此为止。正确的处理方法是用温和的态度分开打架的孩子，等他冷静。

讲道理也没有用，因为这个时候的孩子还搞不清你、我、他的概念。但可以告诉孩子"打人"是不正确行为。

假如孩子顺利完成五岁前的自发性行为，在五岁前能够获得正确的集体和个人身份识别，知道集体生活的基本守则是"有权参与制定规则，但集体通过的规则，就算不同意也得全力支持"，那么，孩子五岁后就会很讲道理，因为本我完成了，可以进入自我阶段。所谓本我，简单说就是自己做自己的主人。

每个人都必须经过这个心理阶段。在幼儿时期没有经历这个阶段的人，心理就不能成熟，可能到成年人后会再经历。超前学习是我国教育的一个误区，不但是知识的超前，心理发展也想超前。我就看到过许多父母要教两岁的孩子礼貌谦让，这样做其实妨碍孩子正常的心理发展，早晚会出问题。

香港某大地产商三兄弟在继承父亲的事业多年后，老大到了五十多岁，突然不想再按照父母的安排生活，想做回自己的主人，兄弟之间出现矛盾。这可能就是从小在父母严格的教育下，本我阶段没有完成，到了五十岁，环境允许才发展这个阶段。这种情况在我国"棍棒之下出孝子"的观念下是很常见的。

备 注

本我（id）：包含要求得到眼前满足的一切本能的驱动力，就像一口沸腾着本能和欲望的大锅。它按照快乐原则行事，急切地寻找发泄口，一味追求满足。本我中的一切，永远都是无意识的。

自我（ego）：处于本我和超我之间，代表理性和机智，具有防卫和中介职能。它按照现实原则来行事，充当仲裁者，监督本我的动静，给予适当满足。自我的心理能量大部分消耗在对本我的控制和压制上。任何能成为意识的东西都在自我之中，但在自我中也许还有仍处于无意识状态的东西。

对于本我和自我的关系，弗洛伊德有这样一个比喻：本我是马，自我是马车夫。马是驱动力，马车夫给马指方向。自我要驾御本我，但马可能不听话，二者就会僵持不下，直到一方屈服。对此弗洛伊德有一句名言："本我过去在哪里，自我即应在哪里。"自我又像一个受气包，处在"三个暴君"——外部世界、超我和本我的夹缝里，努力调节三者之间相互冲突的要求。

超我（superego）：代表良心、社会准则和自我理想，是人格的高层领导。它按照至善原则行事，指导自我，限制本我，就像一位严厉正经的大家长。弗洛伊德认为，只有三个"我"和睦相处、保持平衡，人才会健康发展。而三者吵架的时候，人有时会怀疑："这一个我是不是我？"或者内心有不同的声音在对话："做得？做不得？"或者内心因为欲望和道德的冲突而痛苦不堪，或者为自己某个突如其来的丑恶念头而惶恐。这种状况如果持续得久了，或者冲突得比较严重，就会导致神经症的产生。

（六）建立爱，作为教育的基础

教育基础的先决条件，是创造一个符合社会发展需要的家庭环境。

要知道，当孩子日渐长大，特别到了青少年期，他只会听从他敬爱的人。

没有不爱自己孩子的父母，但要学会表达你的爱。表达爱不单是用嘴巴，还要用行为；不是用放任，是用关心；不是用批评，是用沟通。幼儿期建立爱的基础，以后教育孩子便会容易。

我国父母的爱比较内敛，就算爸妈再爱孩子，但是可能一生从来没有对孩子说过"爸妈爱你们"，结果在孩子青少年反叛期就容易出现不必要的误会。相信同样的情况发生在我国无数的家庭。美国人的"I Love You"用得太滥，太没有诚意；反过来，我国父母对孩子说"我爱你"就太吝啬。

有些父母以为爱孩子就是放纵孩子，或者提供大量物质条件。这是错误的观念。要建立爱的基础，就要在孩子婴幼期还没有思考能力时，多告诉孩子，爸妈爱他，他是家里很重要的成员，再加上多些拥抱。当他需要帮助支持时，就及时出手。到孩子有语言能力时，要让孩子感受到爱就是投入优质亲子时间，和孩子一起分享他的喜怒哀乐。最简单有效的方法就是多聆听孩子的心里话，多和孩子聊天。

所以现在当父母不容易，要身兼五个角色：教育者、支持者、爱护者、观察者，最后还是玩伴。

（七）建立行为习惯的方法：首先要让孩子有安全感

要孩子自愿地去建立行为习惯，首先要让孩子对该环境有安全感。在和谐家庭环境中成长的孩子，他们的行为习惯较容易建立。

安全感必须根据孩子的心理特点建立。孩子上幼儿园是踏入社会第一步，这个第一印象非常重要，必须建立孩子对幼儿园的安全感、对老师的信任，才能为孩子以后的学习建立良好基础。

因此父母不要在孩子面前表示出担心或不安情绪，反而要让孩子期待上幼儿园。当老师家访时，不要一见到老师就强迫孩子问好，首先应该亲热地和老师聊天，让孩子在旁观察，看到妈妈和老师是很亲热的。最后妈妈介绍老师是妈妈的好朋友，妈妈不在时见到老师就像见到妈妈一样。通过这个方法，孩子就会对老师建立良好的第一印象。

老师和孩子打招呼的热情度也要因人而异，关键要观察孩子的眼神和肢体语言，只要孩子流露出不信任的表征，老师就要停止。在该阶段，远远地问好就行了，免得引起孩子的不安。

从以上例子可以看到，建立孩子安全感就是要掌握孩子的心理。在家里也一样。我曾经听朋友诉苦，他们夫妻两人在客厅商量要把孩子送去全托，孩子在房间听到，于是行为大变，因为他以为父母在背后有什么阴谋。

从孩子懂事开始，父母就要很注意和孩子的沟通。不想给孩子知道的，就应该很注意。千万别以为孩子小，不会注意到。其实他们的耳朵每一刻都在注意父母说什么。

（八）然后，设计孩子愿意听话的环境

只要掌握孩子的心理，想让他们听话很容易。首要是让他们觉得是他们自己做的决定，第二是要他们能够理解要求。

当孩子第一天到幼儿园，我会让他们选择一把自己喜欢的小椅子。其实小椅子都是一样的，但是他们自己选择的，对他们来说就是不一样。这就是让他们觉得是自己的决定。

然后我会协助他们把自己的小照片贴在椅背上并为小椅子命名。这就是设计"孩子有能力区分椅子，能理解要求"的环境。最后是为每一把小椅子选择一个有明确标志的固定摆放的地方。

有了这些条件，孩子就会很听话，只要老师请他们把小椅子送回家，大部分孩子都会做到。不会的多看几次其他孩子也自然会了。

在家里的道理也一样。只要掌握正确方法，要孩子听话一点也不困难！

（九）让孩子听话、乖巧，不一定是好事

父母即便帮助孩子拥有了自己的所有知识，但当他踏入社会时，这些知识可能都已经过时。许多父母都想要很听话的孩子。像机器人一样服从的孩子是很方便管理的，但是今天很听你话的孩子，以后也会很容易听从社会其他人的话（甚至人贩子）。没有从小培养独立判断能力的孩子，以后又怎能放心让他走入社会？

会拒绝及提出不同意见的孩子，代表了拥有独立思考能力，不会盲目听从别人的意见。美国教育纲要中有一条，就是培养敢于挑战知识权威的学生。

另外，你有没有注意到调皮的孩子比听话的孩子机灵？根据近些年脑科学研究成果，调皮孩子的经验比乖孩子更多，还有每一次主动做自己想做的事，大脑就会聪明一点。调皮的孩子比较不听话，即主动的次数比服从的次数更多，所以会更聪明。

所以，如果孩子会提出自己的想法和父母辩论，父母应该感到欣慰才对——当然是建立在良好态度基础上的辩论！

（十）别以为孩子真的明白你的意思

许多时候，父母仅用语言来教育孩子，但是用语言教育孩子不会有很好的效果。孩

子的语言经验不多，难以明白语言背后的意思。

有一次，我在幼儿园看到一个孩子在洗手间很仔细地洗手，老师探头进来说："某某，你又在玩水了！"老师的意思是要他不要玩水，但孩子只听到两个字"玩水"，他不了解老师说话背后的意思，反而受到了这两个字的提醒，结果他的反应是开始玩水。这个例子提醒家长，不要只用语言来教育孩子。

教育五岁前的孩子最好是用实景说明，然后和孩子一起做一次。教育首先要做的事是肯定孩子明白你的意思。

教育界有这样几句话：你告诉我，我会忘记。你示范给我看，我会稍微记得。你和我做一遍，我会永远记着。要孩子明白你的意思或要求，最好是和孩子一起做一次。

（十一）顺应自然规律施教就是正确的教育

科学家挑选了一批双生子，在两岁时为每一对的其中一个提供强化体能及语言训练，另一个在正常的环境中成长。在3～6岁时，有强化环境的那个能力比较强，但是到了7～8岁，两个人的能力就变得一样，都能够适应社会。

这说明了孩子只要有正常的环境刺激就已经足够，就像种子一样，到该发芽时就会发芽，拔苗助长只会浪费时间。但是前提是家庭环境能够提供充足的良好刺激。

所谓充足刺激，意思是符合幼儿发展及社会发展需要的刺激。例如婴儿期的拥抱、抚摸等，又如语言的交流等。曾经有一个孩子，因为父母都是沉默寡言的人，所以他的语言能力也比较落后。这种现象在外来人口比较多的城市最明显：家里人不说普通话，只说家乡话，孩子的语言发展一定会受到影响。所以，顺其自然发展的先决条件，是创造一个符合社会发展需要的家庭环境。

（十二）蝎子故事的启发：本能就是本能

蝎子要过河，请求青蛙背它。青蛙说怕蝎子用尾巴的毒刺扎它。蝎子说不会的，因为如果青蛙死了，蝎子也会淹死。青蛙想想也对，于是背着蝎子过河。到了河中心，青蛙突然背上一痛，知道被蝎子扎了。临死前，青蛙问蝎子，明知道会同归于尽，为什么还要扎它？蝎子无奈地回答，这是本能。

回想一下，你又有多少本能反应？多少对人对事的第一反应？这些本能反应是条件反射，是不假思索下的即时反应。

我认识有些人，恼火时就想骂人，但是因为身份或学历关系，可以用理性抑制。条件反射是骂人，不是不想骂，是理性让他不骂而已。

形成这些反应的原因就是婴幼期的成长环境。所以除了行为习惯之外，建立孩子对人对事正确的本能反应，也是婴幼期的重要目标。

二、还需要懂得自我调节的成人

（一）孩子的诞生是父母情感的延续，而并非人生的延续

不要因为你童年没机会学弹琴，现在就要孩子去学弹琴；不要因为你童年缺失爸妈的关注，现在就用放大镜盯着孩子；父母没有权利让孩子来补偿父母童年的缺失。年轻的爸妈应该是积极面对人生，自己补偿自己的童年缺失。例如现在就努力去学习弹琴，自己补偿童年的缺失。

同样的道理，不要因为你现在事业很成功，现在就要孩子重复你的童年经历，例如经常有爸爸说"我小时候还不是被爸爸打到死去活来，棒下出孝子"。你可以传授孩子普世价值、人生道理，但是你的童年成长模式已经 OUT 了。

你也不要因为婚姻或者事业的不如意，把未来的期望压到孩子身上。生命在你自己手上，站起来改变自己命运，做好榜样给孩子看。

（二）释放原生家庭心结，打造新一代幸福家庭

只有幸福的父母才可以养育出幸福的孩子。所以父母和原生家庭的关系几乎决定了孩子的幸福指数。如果你和原生家庭关系密切，你本身就已经是幸福指数很高的人。你只要重复童年和父母情感交流的经历，差不多就已经可以保证孩子的幸福指数。

但假如你童年有心结，感觉童年很委屈，受到不公平对待，没有多少值得回忆的快乐事情，回忆中都是不开心的事情，那么你需要释放这种心结。找一天，回到原生家庭，好好告诉爸妈你童年的感受，告诉他们你感觉多委屈，但是你很爱他们。当然要选择时机，别吓坏老人家！

我个人感觉到很奇怪的一个现象，越是童年不爽的，相对童年最得宠爱的孩子，长大后就可能更孝顺。

（三）不要：该放松时紧张，该紧张时放松

许多初为父母的人，心理的转变就如同刚买了一部新手机或者一件新衣服：刚开始非常重视，甚至过分重视，唯恐孩子得不到最好的；过了这段新鲜期后，热情减退，对孩子的关注时间就大幅减少。

在教育上的投入比例最能反映这个问题。当孩子还是婴幼儿时，只要听到什么奶粉对孩子有益，什么玩具能促进孩子智力发展，什么衣服不会过敏，父母就会不惜代价买给孩子，结果买了一大堆不合用的东西回来。到孩子长大，看到那堆无用的东西，再投资就没有那么爽快了。

对孩子的关注也一样。父母在孩子婴幼儿时每一分钟都想看着孩子，眼睛根本不想离开，觉得一颦一笑都是可爱的。到孩子上学后就完全改变，更多地只是关注他的学习情况。

避免出现婴儿蜜月期啊 ✗

调整好心态，该放松时放松，这样子才对。 ✔

医学界对毒药的解释是：过量就是毒药。过多关注对孩子也是不好的，太多关注对孩子是无形的压力。对婴儿来讲，最重要的是安静休息，过多关注会影响婴儿休息。对儿童来说，过多的关注则会影响个体的成长规律，甚至影响个人价值取向的建立。

幼儿期受到过多关注会影响到孩子自发性行为的发展，孩子会为了取悦成人而改变原来的行为。而且对孩子态度不一，会造成孩子困扰，觉得长大后就不受关注了，潜意识里不想长大。其实婴幼儿心理还没有成熟，需要的只是生理表达的关怀。家长在孩子婴幼儿期不用太紧张，照顾孩子之余，做自己喜欢的事就好。

但是随着孩子心理渐渐成熟，需要更复杂的关怀。这个时候反而需要父母投入更多的时间和精力关注并教育孩子。这一阶段的父母需要让孩子感受到父母在情感上的认同和支持，也需要让孩子感受到自身在家庭的地位和价值。父母需要通过语言和行动建立两代之间的感情。

所以父母应该调整心态，避免出现这种新生婴儿蜜月期综合征。

（四）不要让自己的教育经历影响教育下一代的方法

许多父母认为教育孩子是天赋的知识，但实际上只是重复了自己受教育的过程。现代社会发展神速，教育孩子的知识也要与时俱进。毕竟人类不是森林里的动物，只要重复几十年前受教育的方法便足够。现在教育下一代需要最新、最专业的教育方法，所以现代的父母要认真学习教育孩子的方法。

而且父母很容易犯两极化的毛病：要么就是重复自己受教育的经历，要么就是发誓不让孩子重复自己受教育的经历。现代父母要摆脱自己受教育的经历，理性分析及学习正确的教育方法。爱孩子最重要的表现就是愿意为孩子学习和改变。

（五）别以为下了苦功就会有成果

香港有位爸爸为了儿子成才，天天逼七岁的儿子做几百下俯卧撑，跑几百圈等；要是没有完成，就对儿子施以体罚。最后，这位爸爸因为虐儿罪被送上法庭。

其实就算这位爸爸没有被送上法庭，孩子也是白练。国外的神经科学家研究发现，

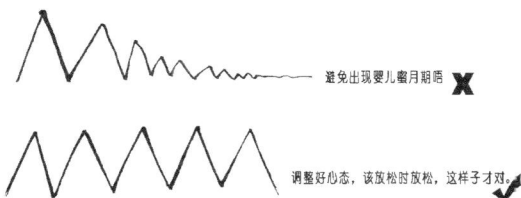

自主训练及被迫训练对大脑神经的影响有很大不同。自主训练的孩子会更聪明，学习能力更强；被迫训练的孩子会容易发脾气，没耐性，学习能力减弱。造成这种结果的原因还不知道，但是这个结果和许多教育理论吻合，也说明了为什么大部分教育家都赞成在自主游戏中学习。

望子成龙、望女成凤是许多父母的心态。要成龙成凤，肯定要下苦功，这个世界上没有免费的午餐。但是下苦功是不能逼的，应该是让孩子自主自愿下苦功。

我曾经在幼儿园做过这样的实验：要几个男孩子研究奥特曼的主题，要求他们收集资料，用废旧材料制作模型，用图画绘画说明，然后组织一个奥特曼介绍会。他们的投入及认真比得上准备高考的学生。你看，他们也下苦功，而且是自发性地下苦功——自发是因为有兴趣。

孩子年龄越小，越要让他们自发性地下苦功。随着年龄增长，就可以开始协助他们设定人生目标，教育他们要为目标下苦功，让他们知道，不管目标是什么，必须下苦功才能成功。

（六）监督式教育不可取

在准备教育孩子前，首先要想一想，当你不在时你的教育是否还有效。要是不肯定，尝试采用不同的教育方法。同样的内容，有时采用不同的施教方法，效果会有天壤之别。

如果孩子是为了奖励或惩罚而做的，那不是理想的教育效果。真正的教育是内化的，即无须别人监督也有效，毕竟你不能照顾孩子一生。

要让教育内化一点也不难：采用更多间接指导，减少直接命令。我有一个朋友的女儿从来不喜欢吃青菜，怎么说都没有用，直到上幼儿园。那所幼儿园制作了一张以孩子为主角的光盘，里面的小孩子用故事及话剧说明一些行为习惯，其中一项就是孩子要吃青菜。结果小姑娘看完后立即主动吃青菜。因为同伴之间的教育效果比长辈的教育效果更好。

记住：教育，是要培养当父母及老师都不在时仍然有效的行为习惯。如果必须成人在才有效，不是教育，是看守所训管。

（七）摆脱标语、口号教育，发展真实的能力

什么是能力？刘翔的教练能够指导刘翔，从跨栏知识的角度看是教练经验比刘翔经验丰富，但是在实际的跨栏能力上，教练就肯定不如刘翔。

一个住在海边、天天到海里抓鱼的孩子很自然就学会游泳，但是却不一定能说出游泳的道理。一个不会游泳，但是在电视上看过游泳知识讲座的孩子则刚好相反——他可能很会说游泳的方法，却不会游泳。

会说道理，并不表示有能力做。运动固然是这样，其他方面也是如此。例如，语

言、社会交往、智慧等都是能力，能力是不能够传递的，只能教授技巧，最终还是需要训练，通过训练提高能力。

我国的教育存在诸多问题，其中一个问题就是过分侧重二手知识的传递，而忽视一手能力的锻炼，结果造成了"高分低能"的社会现象。

假如你有学习驾驶的经验，你就应该很明白什么是二手知识，什么是一手经验。第一堂驾驶课教练讲的都能听明白，什么是油门，什么是刹车，方向盘该怎样打，心里都明明白白，也能说出来。但是当第一次坐上驾驶员的位置，大脑立即一片空白，手忙脚乱起来。必须经历了无数次的实践后，才能把第一堂课教练讲的二手知识充分理解，转化为自己的一手经验。成人学习驾驶是这个道理，幼儿学习也一样。

幼儿阶段就是最适合训练各种能力的时候，而父母就应该像教练一样，要为孩子设计科学、有效的训练计划。其中最重要的能力之一就是学习能力。所谓学习能力，是能够在任何环境中学习，而不是只会跟老师或父母学习。对于幼儿来说，学习能力包括保留和延续模仿的能力，例如外语发音；包括高度的语言理解能力，能够明白同样意思的不同表达。

提高了学习能力，等于授之以渔，就算输在起跑线，最终也会赢在终点。

（八）切忌：拿自己的孩子和别人的孩子比较

女孩比男孩早熟，学习能力发展也较快；同性别的孩子，也有早熟迟熟之分，就像种子一样，有些成长较快，有些较慢。所以不要对比，要允许孩子有不同的学习速度。

我在幼儿园就看到很多这样的案例：小班的时候好像未开窍的孩子，到了大班就突然脱胎换骨似的，什么都明白了。

让我们找回一些童年记忆，回忆自己及伴侣的学习模式是理智分析型，还是感性接受型。前者接受知识的速度较慢，因为每一件事都要弄清楚前因后果，但是明白后就能够灵活运用。后者则相反，只要喜欢的就会立即接受。当然一般很少有极端型的完全理性或感性，可能是对某些事理性，对某些事感性。

再回忆自己成长的过程：是所有项目都比别人强，还是各自有强有弱？那些小时候出众的童年玩伴，现在还继续出类拔萃吗？

我有许多童年时候出色的玩伴，现在也只是一个普通人，反而有些当时表现不怎么样的，现在很出众。

所以，和别人比较是一件没有意义的事情，每一粒种子都不同。做父母的还应该通过反思自己来了解孩子的学习特点，从而学会根据孩子的特点施教。

（九）删除过多的远景追求

人生是一个阶段接着一个阶段，婴儿期后就是幼儿期，幼儿期后就是小学期。每一个阶段有它的挑战。要让孩子能够应付每个阶段的挑战，在之前的阶段就要做好准备。

要是没有做好准备，可能衔接就会有问题。

例如，没有在幼儿期训练好社会适应能力，到小学就会有适应上的困难。这一关过不了，其他的就更不用说了。

我看到过很多父母被一些高大空的理念迷惑，误解自由就是什么都不管、什么都不教。孩子没有礼貌，不学习！结果到上小学时就后悔莫及。因为基础没有建好，结果孩子小学都适应不了！

所以在考虑长远目标的同时，不要忘记眼前的阶段目标。教育的其中一个重要任务，就是为人生的下一个阶段做好准备，做好每一阶段的衔接。

人生是一个阶段接一个阶段。在考虑长远的同时，不要忘记在眼前的阶段目标。

（十）充分发挥每一个阶段的学习特点

幼儿期的特点之一是尚未建立任何行为习惯，不需要对抗旧习惯，而且不会选择什么该学或不该学，总之看到的就学。所以幼儿阶段是培养行为习惯的黄金期。

这个阶段孩子的学习能力是惊人的，无论是体能、智能、记忆力、语言能力，只要采用适合他们的学习方法，他们都可以有飞跃式的进步。这是成年人所没有的学习能力。试看耍杂技的小艺人，那些记忆训练、软骨功、平衡力，错过幼儿阶段几乎就学不会了。

作为父母，不要错过了这个只有一次的教育阶段，但也不要误会成在这个阶段要拼命地灌输知识或训练技能！

（十一）学习控制自己的脾气，注意对孩子的态度

我有一个朋友，原来脾气很好，和儿子感情也很好。但是在孩子上小学前的暑假，他亲自教孩子数学，结果越教越着急，忍不住破口大骂。孩子被他骂完后边流眼泪边说："我不懂你就慢慢说，你发脾气我也会发脾气。"

朋友听后非常内疚，很后悔骂了孩子。相信许多父母都有相似的经历，骂完打完才后悔。但是现代人上班工作压力很大，回到家里可能已经积累了许多负能量，一些很小的事就会变成发脾气的导火索。学会控制脾气要从改变生活规律开始，尽量避免带着负面情绪回家。如果到了家门口仍觉得自己心情不好，不如花十分钟在小区散步，消灭了负面情绪再回家。

（十二）在追求自己的权利之前，首先学会尊重别人的权利

每个孩子开始时都很想听父母的话，做一个好孩子。但是往往因为成人没有给予清晰的要求，结果孩子明明很努力用他的理解去听话，父母还是不满意，于是干脆和父母对着干。

父母最常犯的错就是要求不明确，例如对吵闹中的孩子说："你们能否安静些？"这

句话犯了两个错：首先，这是一个提问，虽然成人都明白它背后的意思就是要求安静，但是对孩子来说就不清楚。其次，"安静些"这种要求没有统一的标准，孩子觉得是安静了，对父母来说就不一定足够安静。

正确的方法是用温和的态度，清楚说明要求，例如看电视时不要讲话，这样孩子就清楚要求是什么了。我在幼儿园也会用背景音乐作为标准，要求孩子说话的声音不要盖住音乐，对孩子来说就很清楚。

有一个我觉得对孩子一生都有用的标准是：不要影响别人，要考虑别人的感受。这个标准使孩子容易接受，同时又能终身受用。不管以后在什么国家生活，在什么单位工作，能够考虑到别人感受的人，就能较好地适应群体生活。

人类是群体生活的动物，在关注到别人感受的同时，也要让孩子知道自己的权利。父母可以用这一条作为行为评价标准，从孩子懂事开始就不断提醒，特别在公共场合。甚至可以学习德国，请邻居为孩子在公众场合的表现评分，假以时日孩子就会形成良好习惯。

（十三）全家的教育观念不统一，孩子就会奸狡

有些家庭会采用好人恶人教育法，即爸爸做好人，妈妈做恶人，或者反过来。还有一种情况是老人的教育观念和父母不一样。

不管是哪种，家里的成人不能统一教育观念，对孩子的成长很不利。

孩子这段时间是在发展适应环境的能力，会发展出对自己最有利的能力。全家不能统一教育观念，很可能培养狡猾的、爱说谎的孩子。

父母应该和家里其他成员正式举行家庭会议，统一对孩子行为的反应。可以列出一张清单，把收集来的各种行为列出来，然后大家商量该如何反应，包括从婴儿期的哭到幼儿期的打人行为等。

记住，尊重老人的经验，并结合现代的科学方法，这样在过程中你会得到远多于成功教育孩子的成果。

三、最后父母还要懂得"谈情说爱"

（一）你的家是不是已经变成警察局

有一次我出差，在飞机上广播说延误了，不知道确切的起飞时间。于是发生了一家

三口的故事。

我坐在靠过道的位置，后面是小女孩，中间是爸爸，靠窗户的是妈妈。开始的时候一家三口各有事情在忙，孩子在看平板的动画，爸爸在看书，妈妈好像在玩自拍。然后事情发生了。孩子突然说："我要吃糖"，于是妈妈取出一包糖果给女孩。女孩翻了一下说："我要最大的那颗"，妈妈回答："刚才问你要不要你又不说，我已经吃了"。女孩开始提高声音："我要吃大的那颗，我就是要那颗大的"，妈妈也开始不耐烦："不是跟你说了吗，大的我吃了，现在只有这些，要就要，不要就拉倒"。女孩把声音再提高，夹杂想哭闹的准备："我不管，就是要那颗大的"，妈妈也进一步提高声音："都四岁了，还这么不讲道理，再闹就赶你下飞机"。女孩听到后也不甘示弱开始放声哭起来："我要吃大的，我就是要吃大的"，爸爸也开始加入战争："你真不讲道理，我们家不要这种不讲道理的孩子"，妈妈也紧接着说"我数一到三，你不闭嘴我就收拾你。一"，女孩不但没有停止，还加大声音，"二"，女孩完全是对抗性的在喊，"三"，然后放声嚎哭！

这时候附近的乘客都安静下来看热闹，妈妈真火了，把女孩拉过去开始打屁股，边打边骂"你给我闭嘴"。

我转过去站起来，然后和两个大人交换一个"我来处理"的手势。然后我对孩子说："你是不是很想吃那颗很大的糖果？现在吃不到不开心是不是"，孩子含着眼泪用力点头。我接着说："不开心就哭一下，好好哭一下就好"。孩子想一想，好像也没有什么好哭，声音就停下来。我抬头和爸爸说"爸爸很爱宝贝，是不是呀"，爸爸用力点头，孩子转身抱着爸爸，风波就平息了。

其实孩子需要的是情感的满足，并非物质。家是谈情说爱的地方，不是裁决道理的地方。感情需求满足了，自然就会做正确的事情！你同意吗？

（二）专心聆听孩子的心里话

如果你看过《窗边的小豆豆》这本书，相信你一定对这一个环节有印象：当豆豆第一次到巴学园时，小林校长用了四个小时聆听豆豆，然后豆豆说从来没有成年人这样认真地听她说话，她已经爱上这所学校。

你在学校成绩最好的学科，往往就是你喜欢的老师教的。要孩子愿意向你学习，首先就是让他喜欢你。要让孩子从心里喜欢你，不是用物质的奖励，只要用心聆听就可以了。

学会好好聆听孩子，并作出正确反应，你就成功了一半。

（三）让孩子有更多尝试的机会

在香港一个国际幼儿园的开放日，有几对不同国籍的母子在一个水池里玩水。水池里有几个大瓶子，池里的水位没有大瓶子高，孩子们都想把水装进大瓶子。池里只有一些塑料杯子，由于大瓶子的口小，用塑料杯子很难把水倒进去。

在水池里还有几个漏斗，但是孩子都没有运用漏斗的经验。一个外国孩子在不断尝试，他的母亲在边上没有管他。尝试很多不同的方法后，他终于发现了漏斗的功能。这个时候他面露发现知识的喜悦，抬头看妈妈。妈妈用手势表示看到孩子的本事，然后孩子又沉醉在另一个探索中。

而另一个中国妈妈，当孩子刚刚开始尝试却失败后，立即过去教孩子用漏斗。孩子是立即成功了，但是玩了一阵就不玩了。

只要孩子是在坚持，尽量让他继续尝试，因为真正的学习是在过程中，每一次失败就是一次经验，而且每一次让孩子自己找到答案，孩子的自信心及学习兴趣就会增强一些。

（四）使用真实、真诚的描述性表扬

要多表扬孩子，但不要随便表扬。当你看到朋友的孩子时，很容易会随口表扬孩子很漂亮可爱，可你知道吗，你已经给了孩子错误的信息。漂亮可爱并不是他努力的成果，你的夸奖误导了他，使他觉得可以不劳而获，同时会用外表来评价别人。孩子的心灵是纯洁的，每一次表扬都会留下生命的痕迹。所以要多表扬孩子，但不要随便表扬。

描述性表扬就是明白地让孩子知道获得表扬的原因，这样孩子就有一个明确的努力方向。所以当孩子画了一幅画给你看，不要随便说"画得很好"。你可以说"你画画很认真，画的花朵很细致"或者"你很努力，用的颜色很丰富"，这样孩子就知道他是被认真欣赏，同时也得到了明确的方向。

我最喜欢表扬孩子的是努力和进步，因为这两项都是终身需要的。让孩子建立努力的习惯和追求进步的性格，可以受用一生。

（五）嘴巴软行为硬的教育法（温和而坚定）

教育孩子时，父母的态度很重要。往往父母会嘴巴硬行为软，即态度不好，但是当孩子哭闹时又让步。例如孩子不吃饭，父母骂孩子"你不吃饭我就打死你"，但是其实又做不到。这种教育法不但不能改变孩子，反而令孩子学会了对人的错误态度，以后就是这样对人说话。

正确的教育法是嘴巴软行为硬，即态度保持温和，但行为要坚定，不能退让。还是用孩子不吃饭这个例子，父母可以告诉孩子，不吃饭是他的权利，但是到时间就收拾饭桌是家里的集体规则，然后到点就收拾东西。

到了晚上，孩子肚子饿，可能不敢说，但会有行为表现。这时候，千万不要把教育变成斗气，不要说那些表示权威的话，例如"刚才不听我话，现在肚子饿，活该"。反过来，应该关心孩子，说些好听的话，例如，"宝贝，妈妈知道你肚子饿，明天早点起来吃早餐"。

这样孩子会清楚地接收到你坚定的信息，同时学习你处理事情的态度和方法。

（六）杜绝用所谓的正确答案灌输孩子

有两位老师教孩子有关水果的知识，第一位老师准备了许多种水果，有苹果、橙、木瓜、西瓜等。她在一节课内把这些水果都展示给孩子，告诉孩子这些水果的名称。

另一位老师只准备了苹果。她首先把苹果藏在一个布袋里，让孩子伸手进去摸，把摸到的感觉和从前的经验比较。然后老师让孩子闭上眼睛，用鼻子嗅，要他们感受这些味道，想想令他们记忆起什么情景。最后老师让孩子用嘴巴品尝，说出他们的感觉。活动结束前最后一个环节是让孩子把对苹果的感受画下来。

第一位老师教了许多内容，孩子好像学会了许多新知识，但是这些知识和过去的经验没有很多的联系，而且教授每一种水果都是采用同一种方法，没有培养孩子多元的学习方法。

第二位老师建立了孩子对苹果的丰富经验，这些经验使苹果对孩子产生了意义。因为新的经验能和过去的经验结合起来，于是孩子立刻能够运用这些新经验解决问题或者学习另一些知识。同时在每一个环节中，孩子学习到不同的学习方法。结果，他的学习能力、理解能力就比第一位老师教的孩子高。教育是让孩子举一反三、掌握学习方法，而不是只懂得标准答案。

（七）避免只重视教育结果

你有没有想过为什么让孩子上兴趣班？大部分孩子学了钢琴也不会以此谋生，学了武术也不会成为李连杰，所以学习这些才艺的价值更多地是在过程中积累的经验。

父母要关心的不应该只是孩子的成绩，更应该关心孩子在学习过程中的收获，例如快乐的学习经验让孩子爱上学习，被鼓励的经验让孩子更坚毅，成功的经验让孩子自信。

父母不要只关注孩子的学习结果，而应多关注过程。例如你可以尝试问："你今天学习开心吗？学习过程中有没有克服困难。"

这样孩子更关心学习过程中的收获。父母的关注点就是孩子的关注点。价值观也是在这样的点点滴滴中建立的！在幼儿期，施教过程往往比教育结果更重要！

（八）别奢望孩子会立刻学会所有知识

也有些新手父母坠入另一个误区：希望孩子立刻学会自己所有的知识。但是幼儿二十年后才踏入社会，在这个信息日新月异的年代，我们不能够用现在的价值观念预测未来。

从狩猎社会进化到农业社会，努力工作是生存的准则。工业革命后，仅仅努力工作本身已不足以满足生存需要。比较我国和美国农民的人均产值就能看到，虽然我国农民工资比美国农民低许多，但是效率也远远比不上美国农民。可见现在需要的是掌握高效率工作的方法。

随着信息时代的来临，更需要的是掌握信息和正确地工作。例如掌握全球农业的供求趋势，再决定种植的品种。

谁都不能预测二十年后的世界会怎样，所以父母不要想把孩子复制成为自己，也别奢望让孩子立刻学会所有知识。

（九）容许孩子有自己的想法，容许孩子反对、拒绝

美国学校的教育目标中，有一条是培养敢于挑战知识权威的学生。我在美国读大学时，假如学生回答老师问题的答案不是老师的标准答案，但是能够为自己的答案提出论点和论据，老师还是会接受的。

我国教育就恰恰相反，孩子从小就要揣摩标准答案。从婴幼儿期开始就要揣摩父母的想法，上学后要揣摩老师的答案，工作后则要揣摩领导的心意。在这种环境中培养出来的孩子，会怯于表达自己的想法，缺乏创造力，严重的甚至会没有自我判断及保护能力。

父母应该从小就鼓励孩子大胆表达自己的想法，提出和成人不同的想法，然后和孩子一起讨论不同的想法，这样才能够提高孩子的创造力和独立思考能力。

要注意的是，提出不同意见和"态度好"是并不矛盾的。

（十）让孩子知道做错事要付出代价

在真实世界里，当你做错事，就必须付出代价，只是早晚的问题。让孩子知道这个事实，会为他以后建立自律守法以及负责任的心态打好基础。

有些父母从不和孩子讲道理，孩子犯错后也只是觉得孩子还小，犯错也无所谓。这样一来，孩子的自律意识和责任意识就会薄弱，以后融入社会就有困难。

当孩子有承诺意识后，就可以开始强化这种意识，一般是四岁后。方法是向孩子说明一些生活中的规定，例如不能在马路上嬉戏奔跑，同时说明犯错后的代价。代价尽量不要是体罚，可以是取消孩子喜欢看的电视节目。故意犯错后就一定要执行惩罚，否则会造成孩子侥幸的心态。

（十一）把孩子和其他孩子比较，孩子就没有自信

有些父母经常把自己的孩子和其他孩子比较，这是非常不妥当的行为，会严重影响孩子的心理健康，而且对亲子关系会有不良后果，所以千万不要犯这个错误。

要孩子学习其他孩子的优点是好事，但是要用对方法，否则会适得其反。我教老师的方法是欣赏教育：每一天轮流有三个孩子被其他孩子表扬，表扬这三个孩子值得学习的优点。由于每一个孩子都会轮到，所以在心理上就不会比较，而是欣赏及学习别人的优点。

父母在家里也可以采用这样的方法：首先表扬自家孩子的优点，然后让孩子说说其他孩子值得学习的地方。这样一段时间后，孩子就培养了欣赏别人优点的习惯，同时又能认识到自己的优点。

四、蔡粉齐齐爸比的学习感悟

尊敬的蔡老师，以及各位热情的志同道合的家长们，你们好，我是蔡伟忠示范班晏子齐爸爸，很高兴能跟大家分享我的经历和感受。

大学毕业三年我就跟刚刚大学毕业的齐齐妈妈结了婚。两个人都没有社会经验，两个人身上都带满了刺，而且很快就有了齐齐。我们当时住在宝安一个很小的两居室里，除了我们三口之家，还有我的爸爸妈妈，我的弟弟。那时候我们刚刚开始做一点家族式的小生意，那里不但是我们六个人生活的地方，还是我们工作的地方，甚至还是仓库。每天电话声音、打包的声音不断，还有严重的农村婆婆与城里小媳妇的家庭矛盾。

我是从湖南一个小山村里走出来的，有很多朴素、传统的观念。我妈妈也时不时在我身边提醒工作赚钱第一位，孩子老人带就可以了。那时候齐齐妈妈心情总是很低落，情绪不稳定，找不到自己的位置，感到自己很失败，所以总是找我的麻烦。而我认为我这么辛苦地工作还不就是为了家里，她一个全职妈妈还老找我撒气，所以我老跟她对着干。她不开心时我比她更不开心，甚至有时候真的不想看到她，所以齐齐出生后的那两年我们过得非常纠结。

今年我们非常有幸进了蔡老师的示范班，而且把家搬到了福田。第一次听了蔡老师家长培训就感到非常震撼，同时也非常惭愧，我原来做得太不好了。我清楚地记得蔡老师说"孩子是用心用眼睛学习的，而不是听，孩子不会选择哪些该学，哪些不该学，而且全盘接受"，所以我们要建立一个和谐的大环境，包括学校和家庭，从老师到家长，孩子接触到的每一个人都应该做到温柔温柔再温柔，耐心耐心再耐心。

同时我也认识了示范班很多值得我学习的爸爸，比如仔仔的爸爸、小小的爸爸、豆豆的爸爸、浩浩的爸爸等，他们每天都是自己呆在办公室里，每天自己坐地铁上下班，勤勤恳恳地工作，而让妈妈们潇洒地开着车，带着孩子到处参加活动、交朋友。每次他

们夫妻在一起时爸爸都非常尊重妈妈，什么事情都跟妈妈商量。比如，豆豆爸爸总是跟豆豆妈妈说"你最大的任务就是带好豆豆，工作的事情有我就行了，我是为家庭的今天工作，你是为我们家庭的明天在付出"，在我看来这样的家庭是最和谐、最幸福的家庭。

蔡老师的微博早几天更新了一段话，他说"我们不能太纠结于教育的小事情，而忽视了大事情"，这个"大事情"我理解就是要建立一个和谐的家庭，我深深地感觉到我的家庭的和谐决定着孩子未来是否是一个平和、温柔、上进的人，而我的家庭的和谐取决于齐齐妈妈的情绪和气场，但根源在于我的态度：我是否给了齐齐妈妈足够的尊重和爱，是否给了她强大的信心和支持。

我们家现在真的比以前和谐了很多，齐齐也发展得很顺利，很快乐。我觉得我们进入示范班不但是孩子在进步，更多的是大人受到了很多正面教育，感受到了正能量，我们时时刻刻都记得"正能量"这个词。

最后，我想对齐齐妈妈说："真的对不起，我原来真的做得很不好，让你受了太多的委屈，在以后的日子里我会更加小心地去除我身上的刺，更加尊重你、支持你、爱你！"

谢谢大家！

第二章
"普世价值观"区别了人和兽

孩子的童真是最美丽的，因为他们单纯。单纯就是简单和纯洁，简单即不复杂，直接找到事情的本质。纯洁就是没有杂质，没有杂念，只有一种想法。开心就笑，不开心就哭，这是多么美好的时光！

我还记得我童年时父母工作很忙碌，主要是奶奶带我。我小学回家就宅在家里看童话书，其中英国奥斯卡·王尔德的著作《快乐王子》深深地影响了我。我不肯定那时候是几岁，只记得看完后伤心痛哭了好几天。其他类似的著作如《海的女儿》、《卖火柴的小女孩》、《丑小鸭》和《红鞋》等，我到今天都深深记得阅读时候的感受。我怀疑我现在的情商很大部分是受这些童话的影响，让我建立了童话里主人公的特质。

为什么《安徒生童话》、《格林童话》、《西游记》等著作可以成为经典？不只是因为故事动人，更因为是这些故事背后渗透的普世价值。

普世价值，一个很老土的名词，但是却是人生的坐标，是引领个体在生命中做出正确决定的核心价值。我认为培养孩子本领之前，首先是建立正确的价值观，否则再有本事也可能是一个有本事的坏人。如果中国商人都有基本的普世价值，起码食物安全问题就可能大幅减少。

当然也有父母担心孩子在复杂的社会里做好人会吃亏，现在的社会确实是复杂，但是做好人也应该与时俱进——学习做一个聪明的好人。本质应该是"善良"，但需要增加"智慧"。

在西方的童话里渗透的普世价值非常直接，通过这些童话，不但孩子受益，父母也可以温故知新。就像太阳和风比力气，看谁可以脱掉路人的衣服，里面就很直接地让孩子认识到温柔坚持是比暴力更有效。

中国的童话背后的普世价值就相对层次复杂，比西方的来得有深度，在不同的年龄经历，感悟不一样的人生价值观。父母需要很好地进行解读。

除了通过童话，父母还可以通过评价社会时事或者社区看到的事情来建立孩子的普世价值观，然后在生活中以相关的描述表扬巩固孩子的相关行为，例如"你很认真地画画，爸爸看到你这么认真很开心"，这样童年最重要的教育之一，建立普世价值观念就能奠基。

一、这些通俗教育学捍卫了孩子的宝贵童年

（一）重视终身教育的起点——幼儿教育

幼儿教育是孩子接受教育的第一个阶段，往后还有小学、中学、大学和社会的教育。你会如何分配每一个教育阶段的侧重点？

教育不只是传授知识，幼儿期是培养行为的关键期，但是许多父母只会关心孩子每天学了什么新知识。要知道教育基本上包括了三部分：行为习惯和素质的培养，各种能力的发展，还有就是传授知识。

幼儿期是培养行为习惯和发展各种能力的关键期。而传递知识的标准则应该是：根据每一阶段的需要，传递对该阶段有意义的"知识"。例如对三岁幼儿来说，一部手机有意义的"知识"可能是手感、形状、颜色，而不是品牌。同时还要考虑准备衔接的小学课程。不足固然不行，超前也会影响孩子进入小学后的学习兴趣。

我国大部分小学还是大班制，一个班五十个以上的学生，老师的教学只能够根据大部分学生的需要设计，而且侧重于知识的传授。假如你的孩子在幼儿阶段已经把这些知识学会，进入小学后，他对老师讲的东西不会有兴趣，很容易让老师觉得他不听话，后果会很严重。所以父母要清楚掌握每一阶段的主要教育目标。

幼儿教育的目标分为短期目标和长期目标。短期目标是让孩子能按阶段衔接，从只会吃喝拉撒到生活自理，再到适应小学生活。长期目标是有效利用幼儿学习的特点，培养孩子有价值的行为习惯，培养学习兴趣，建立正确的价值观，提高学习能力、理解能力等。

假如幼儿期这些长期目标方面没有做好，以后就不是教育了，而是改造。因为孩子已经被别人灌输了错误的东西要改造过来非常困难。

聪明的父母都宁愿先苦后甜，重视幼儿教育，做好幼儿教育，让孩子入学后容易适应。一个喜欢学习、能够自己学习的孩子，入学后就不用父母太费心。

（二）传递知识的责任和方法

在灌输式教育下长大的父母，因为饱受灌输教育的苦，在教育孩子时，很容易把"自由"无限放大，走到"放羊"这个极端。我国在课程改革的初期，幼儿园老师只要说"教孩子"，就像犯错误一样，可见这问题有多严重！

掌握知识非常重要。生活中处处都需要知识，例如做饭时什么和什么不能一起吃，猪肉的哪部分适合炒、哪部分适合蒸。

幼儿阶段是最适合训练各种能力的时候，父母应该像教练一样，要为孩子设计科学有效的训练计划。

传递知识给孩子是父母不可以偷懒的工作，避免灌输的关键在于传递的方法，而传递的方法则取决于传递的内容。

如果需要传递给孩子的内容是很重要的，例如过马路的安全知识，就要采用直接指导。所谓直接指导，就是把标准答案"告诉"孩子。当然，"告诉"不一定要用训话模式，可以用讲故事等方法。

假如需要传递给孩子的内容在当前不是很重要，则可以采用间接指导。其中一种间接指导方式是让孩子注意到，自行模仿，例如教育孩子怎样和别人打招呼。

直接指导和间接指导的区别是：直接指导没有给孩子太多选择的空间，而间接指导给孩子选择学不学、何时学的空间——这样一来，孩子才有思考、判断的机会。思考判断能力也是一种能力，只有通过大量的经验才能得到锻炼。间接指导同时为孩子保留了包容其他答案的空间。

要注意的是，采用间接指导的前提必须是孩子对该内容已有思考判断的能力。我们不会采用间接指导教孩子横过马路，但是教孩子学习打招呼则可以用间接指导，比如让孩子观察模仿，自己学会打招呼。也有些情况适合两种方法同时使用，可以让孩子观察模仿后再直接指导，也可以反过来做。

无论采用哪一种教学方法或组合，都必须符合幼儿的心理特征。三四岁前的婴幼儿对大部分内容都没有判断能力，只有生理的判断能力，所以他们注意到什么就会学什么，采用间接的环境教育是最适合的。

可以粗略地这样概括：年龄越小，就越适合采用间接指导；随着孩子年龄慢慢长大，父母就可以采用更多的直接指导。

（三）教育同时还要教授技巧

我去幼儿园指导时，都会注意孩子的美术作品。许多老师喜欢先教技巧再让孩子画画，我就曾经见过三十个孩子的作品像印刷品一样整齐划一。

教授孩子技巧是需要的，但是要考虑的是先教技巧然后才让孩子做，还是先让孩子做，等他感到有需要时才教技巧。

孩子和成人在学习上有一个区别：成人会为了前途而学习一些现在没有需要的技巧，例如驾驶；但是孩子不一样，没有即时的需要，教授技巧往往是白教。

我教孩子运用筷子的技巧就是提供不同难度的食物，让孩子尝试用筷子把食物放进嘴巴。孩子遇到困难的那一点，就是教育孩子的切入点。遇到困难，孩子就有学习的内在需要。有需要时才指导技巧，这样就事半功倍了。

同样，我认为画画应该先让孩子画，等他感到有需要时才教技巧。因为画画是正常孩子天生的能力，先教技巧会局限孩子运用原来在生活中的经验。举例来说，我会要求孩子用黑色笔画经验中的汽车，然后让他观察真的汽车，再用红色笔添加第一次没有想到的，最后用绿色笔创造汽车所在的环境。孩子在这个过程中学会了用不同颜色表达不同内容的技巧，但没有影响原来经验的运用，而且促进了观察能力及想象力的发展。

生活中有太多的技巧需要教授孩子，千万别小看生活中的这些小事。无论穿衣服、用钥匙开锁还是运用筷子，都是人类几千年积累的智慧，在适当的时候应尽快教给孩子，这样孩子就能够在更高的起点探索。所以让孩子参与做家务，尽快学会生活自理的技巧，对孩子以后的理解能力及解决问题的能力都会有很大帮助。

（四）学习能力其实就是适应能力

在日本，就算深夜马路上没有车，大部分日本人过马路也一定会遵守信号灯的指示。但是，假如日本人在一些不文明的城市还这样做，那他可能永远过不了马路。他必须适应当地的规则，包括法定的规则和潜规则。要生存就只有适应。过马路是这个道理，其他情况也是。

从学校到社会，从单身到结婚，从这个工作单位到另一个工作单位，只要是在不同的体制及结构之间转换角色，要生存，就需要适应不同环境的规则。这个适应包括了心理上的适应和行为的适应。所以，在现代社会，只教标准答案是不够的，培养适应能力可能更为重要。

要培养适应能力，首先要有安全感。在压力下，或者在非自愿的情况下，适应能力是没办法培养的。建立安全感后，再从易到难地培养，最后再丰富孩子的经验，让孩子对什么都见怪不怪。

我指导的幼儿园非常重视孩子适应能力的培养。在幼儿园，新生入园是这样安排的：首先，妈妈向宝宝介绍老师后，便根据孩子的情况逐渐和孩子分离；老师为孩子安排一两个小朋友一起游戏，让孩子逐渐适应和陌生人交往，然后根据情况再调整交往对象。除了新生入园的安排，还会利用户外活动的混班混龄自选活动等丰富孩子的经验。使孩子做到见怪不怪的秘诀就是循序渐进。只要孩子能够在各种环境中锻炼适应能力，以后对角色转换的适应就没有问题。

香港曾经有个大学毕业生到单位实习，结果受不了同事的压力，跳楼自杀了。类似这样的新闻，在我国每年都有发生，所以从小培养适应能力非常重要。

（五）教育，是让孩子注意到平时没注意的现象

婴儿刚出生时，对世界充满好奇心，什么都是新鲜的。但是随着年龄的增长，孩子接触到的信息实在太多。由于处理信息的速度比信息更新的速度慢，孩子对许多信息就习以为常，变得麻木了。例如，虽然天天用桌子吃饭，但是却不一定注意到大部分桌子是四条腿。成人应该通过引导，让孩子重新注意到这些现象，这样有利于孩子学习身边的事物。

如果孩子能够养成注意身边平时没有注意的现象这种习惯，那么他们除了睡觉外，

每一分钟都在学习。牛顿正是因为拥有这样的习惯，才发现了万有引力。培养孩子这种习惯的秘诀是对比，对比平时天天习以为常的和调整变化了的现象，例如一正一反地运用筷子有什么不同。也可以要孩子对比物品的相似之处和不同的地方，例如冰箱和衣柜有什么相似之处，又有什么区别。

父母也可以调整和孩子谈话的语气，采用更多引导性的问题，而不是直接给出答案。例如让孩子在一定范围作选择。

> 咦，桌子有四条腿

> 桌子都有四条腿，我有两条腿。

养成孩子注意身边平时没有注意的现象，这样孩子除了睡觉外，每一分钟都在学习。

也可以每天和孩子玩"创意接龙"游戏，就是从一件物品开始，和孩子轮流找两个物品的相同处。例如，家长先说"桌子"，然后孩子说"人"——"桌子"和"人"都有腿；然后"人"和"狗"都有眼睛。只要在生活中多花心思，自然就能提高孩子对事物的敏感度。咦，桌子有四条腿。桌子都有四条腿，我有两条腿。培养孩子养成注意身边平时没有注意的现象的习惯，这样孩子除了睡觉外，每一分钟都在学习。

（六）要抢占先机，先入为主

现代社会和从前不同的是充斥了各种信息，而且信息的内容也复杂了。许多教育学家都认为，电视的发明对教育产生了莫大的影响，而互联网络的出现更对传统教育产生了极大的冲击，因为它们改写了信息的传播方式，孩子不再只是接收父母及老师的信息，根本没有人能够掌控孩子接收到的信息。所以，电视和互联网改写了教育目标和方法。

从出生的那一刻起，现代的孩子已经在接收周围的信息。先入为主的那些信息首先产生潜移默化的作用，接着便成为主导的价值观及行为。有一个孩子坐着时一定要把腿摺起来，家里谁都没有这个习惯，原来是学习了电视中一个角色的行为。同样的道理，又有哪一个男孩子不多少受到奥特曼影响，不受身边的同学影响？

你不教，但是周围的人都在"教"！你不抢占先机，结果是要花更大的力气去改正孩子从其他渠道得到的"教育"。

所以现代的父母不要再说"年纪还小嘛，长大了便会"，反而应该要抢占教育的先机，在相对封闭的婴幼儿期做好孩子的教育工作。这样当孩子走出家门，接触到外面复杂的世界时，你的教育已经先入为主，成为保护孩子的免疫体。

最有效的教育就是改善孩子的生存环境，最直接的方法就是从提升父母自身做起！

（七）为孩子补充先天不足

市场上充满各种教育理论，有智商（IQ）、情商（EQ）、抗逆境商数（AQ）等，还有语言能力、数学能力、艺术能力……做父母的有时真不知该如何取舍孩子的教育。

在未来的社会生存，以上的所有能力都重要，但是你的孩子出生的那一刻已经拥有一部分的能力。首先是遗传，遗传决定了孩子大部分的气质及智商。其次是成长的环境，环境中的细节决定了孩子的综合能力和价值观，和孩子一起生活的人会对孩子产生耳濡目染的影响，决定了孩子对人对事的行为反应。所以父母在孩子出生的那一刻便差不多可以预测孩子的优点和缺点。我们没有能力改变遗传的特点，但是其他的条件是可以改变的。

我曾经接触一个全班年龄最小但很出色的女孩子，什么都好，就是太好。我们认为她缺乏的就是失败的经验，在幼儿期缺乏失败的经验不利于抗逆境商数（AQ）的发展。于是老师和父母商量，为孩子在生活中补充这些经验。短短几个月，孩子已经有很大的转变，不再只是表现自己，反而会更多地欣赏别人！

父母要多花时间冷静观察及分析孩子，分析孩子需要补充的能力，然后因材施教。为孩子补充先天不足，充分发挥每一个阶段的学习特点。

（八）教育是为孩子选择适合的玩伴

有一年暑假，我在六所幼儿园的中班毕业班进行了一个实验，实验的目的是研究孩子之间的影响。我把班里能力高的孩子和能力低的孩子分开，同样能力的放在同一个班，然后进行三周自由活动，三周后进行测评。结果很令人震撼，许多原来被视为能力低的孩子在没有能力高孩子压抑的情况下，突然之间能力就得到释放。测评结果显示，大部分原来能力低的孩子都有大幅的进步，反而原来能力高的孩子却凸显出合作能力不够的问题。

另一件事例：有一个小班里的孩子入园一年了还有很多时候不想去幼儿园。我深入调查后发现，这个班的老师为了让孩子上课时不互相说话，两周便换一次孩子的座位，这样孩子便交不到好朋友，于是减少了上课时交头接耳的机会。结果是，孩子不但语言能力得不到适当发展，同时对幼儿园没有归属感，不喜欢上幼儿园。

教育是为孩子选择合适的玩伴。没有了好的伙伴，我们的孩子就像置身于一块缺少养分的土地。孩子越大，他们之间相互的影响越比父母的教育影响大。

以上两个案例说明，孩子不但会互相模仿，而且相互之间还会产生其他隐性的影响。所以父母要为孩子选择合适的玩伴。基本原则是丰富和互补。所谓丰富，就是给孩子提供各种性格和年龄、性别的玩伴。而所谓互补，就是给内向的孩子寻找外向的玩伴，父母要举一反三。

（九）建立有价值的生活规律：培养行为习惯

有父母问我，如何让五岁的孩子吃饭不看电视。我反问他们，为什么不在孩子出生开始就关电视吃饭？假如从孩子出生开始，吃饭的时候就关电视，五年后如果你开电视反而会不习惯。

孩子出生的一刻是没有任何习惯的，你家里是怎样生活，他就怎样生活。父母应该好好利用这个培育行为习惯的黄金时机，在孩子出生前商议并制定有价值的生活规律，这样孩子就不需要经历"改造"的过程。

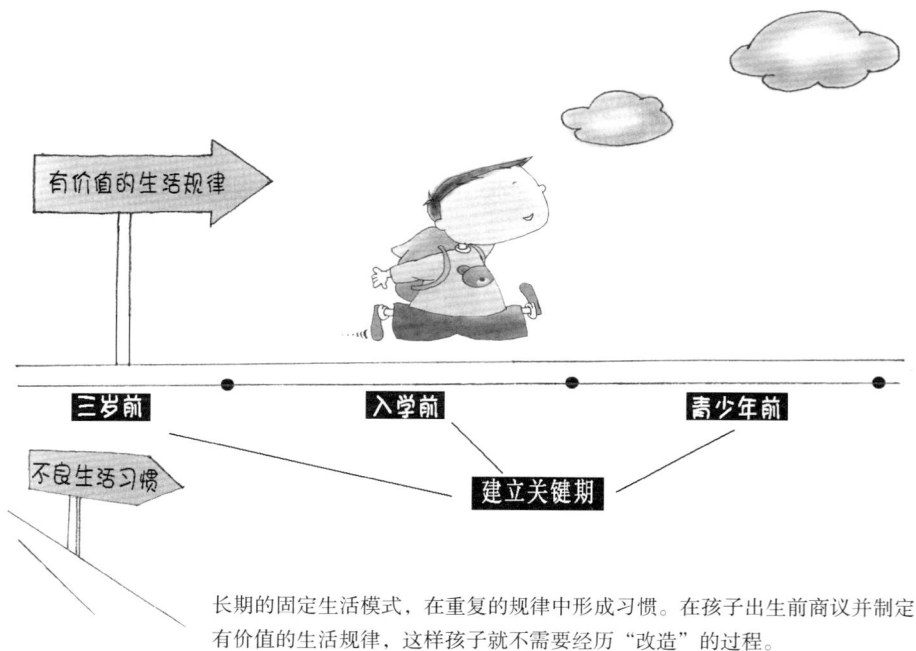

长期的固定生活模式，在重复的规律中形成习惯。在孩子出生前商议并制定有价值的生活规律，这样孩子就不需要经历"改造"的过程。

所谓生活规律，就是长期的固定生活模式。规律长期的固定生活模式，在重复的规律中形成习惯。

经过不断重复，就会形成习惯。这方法没有什么神秘，难点是选择什么规律及能否共同坚持。

你可能错过了三岁前的机会，不要再错过入学前及青少年前的关键时机。好好策划这些生活规律吧！

（十）三岁前最有效的小狗训练法

你不会用语言教育一条小狗，同样，你也不要用语言教育三岁前的孩子。小狗听不懂你说的话，同样，三岁前的孩子也听不懂你说的话，他们只会根据肢体语言及环境气氛来理解。

假如你要教小狗到指定的地方大小便，你会创造一个特定环境，当小狗要大小便时，便把它放在那个指定的地方。重复多次后，它就知道大小便的地方。

所谓小狗训练法，就是在孩子还没有固定的行为习惯前，设计固定的清晰环境，在反复的训练中养成习惯。

一般孩子到一定年龄就知道要到厕所大小便，因为从出生那一刻，家里就是这样安排。这个道理也适用于其他的行为习惯。只是父母没有想在前面，没有预先做好准备工作，没有设计好所需的环境。

良好的饮食习惯，喜爱运动的习惯，阅读习惯，留意社会时事的习惯，好奇探索的习惯，计划的习惯，在公众场所的文明行为，整齐卫生的行为，感恩的行为……以上的行为习惯都会影响终身，但大都源自童年时的成长环境。

父母在母亲怀孕时就应该想好，如何在家里建立这些有价值的行为习惯，好好发挥这个小狗训练法。

（十一）善用温水煮青蛙教育法

把青蛙放进开水，它会立刻跳走；但是放到温水慢慢煮沸，青蛙在不知不觉中就被煮熟了。教育孩子也一样。过度的转变会遭到孩子反抗，但是慢慢的、静悄悄的转变便不会有反抗。

温水煮青蛙法就是把目标分为多个阶段的小目标，逐渐改变孩子。目标被分为多个阶段的小目标，这样的改变孩子就容易接受。

温水煮青蛙法最适用于改变行为习惯。有一个幼儿园老师问我如何教育孩子自己上厕所及喝水吃饭，她说已经半年了，孩子还是需要老师帮助。我问她，假如我们首先解决上厕所的问题，同时集中精力教三分之一的幼儿，计划用两周时间，这样可以吗？两周时间，可以怎样从易到难地安排？老师想一想，回答说这样就不难了。

所以温水煮青蛙法就是把目标分为多个阶段的小目标，逐渐改变孩子。最重要的是不要着急，同时建立各阶段的时间表。

二、"高分低能"是因为缺少了这些

(一) 能力，决定了"高分高能"还是"高分低能"

只有知识没有能力就是高分低能。刘翔的教练专业知识比刘翔丰富，实际跨栏能力却是刘翔强。

你问孩子"好孩子该不该打架"，绝大部分孩子都会回答不该。但是会回答标准答案的孩子是否具备实现答案的能力？这可不一定！

我每年暑假都要为很多幼儿园大班孩子补习数学。现在的孩子很会纸上谈兵，数字的加减头头是道，但是当需要运用数学解决模拟情景的问题时，就会遇到困难。

这就是只侧重灌输知识，缺乏应用训练的结果——变成会说不会做的人。我国专门形容这些现象的名词是"高分低能"。

无论数学、语言、社会交往、艺术、智力、科学，都必须是训练能力和传递知识并重。

以学习驾车作为例子，如果只学理论没有实习，不可能真的会驾驶。孩子学习也一样，应该在生活中多让孩子应用学校学习的知识，这些知识才会"活"起来。让孩子做家务可能是其中最方便的学习途径。

(二) 发展各种能力，都像体育能力一样需要"训练"

刘翔不能光说不练，他的跨栏能力是按照科学方法设计的训练方法苦练的成果。同样地，不管是语言能力、承受挫折能力、数学能力、艺术能力……总之是能力就和体育能力一样需要训练，有区别的只是训练方法的科学性、有效性，同时会不会有副作用等。

千金难买少年穷，因为穷孩子在生活中得到综合能力训练的机会比富裕家庭的孩子多很多：做家务训练大小肌肉、空间智能、责任能力、数量概念；没有玩具就需要发明游戏、创造玩具，结果是训练了创造能力。所以，在生活中设计各种训练能力的环境，是最有效提高孩子能力的方法。训练的方法就是应用及解决难题。

有效的体能训练要付出汗水，训练后会觉得肌肉疲倦。同样，智力训练后也应该觉得大脑疲倦，也同样要付出汗水。

现在的父母对孩子的照顾无微不至，其实是剥夺了他们在生活中锻炼能力的机会。能力是在解决问题的过程中锻炼出来的。我妈妈文化水平不高，她五十多岁时我们一家移民美国。但是移民美国后，由于生活需要，她学会了英语，还能开车穿州过省。所以训练能力的其中一个方法是采用环境强迫，就像弱视一样，左眼弱视就把右眼盖起来，强迫运用左眼。如果你看过残奥会，你应该同意只要有毅力，几乎没有什么能力是训练不出来的。

（三）有效训练的方法：从少到多地调整

假如你口袋里只有一个五角硬币，你一掏就掏出来。要是还有一个一元的，要掏出五角硬币也不太困难，但是比起只有一个硬币时稍难。要是在口袋里放了十来个一元硬币及一个五角硬币，要掏出那个五角硬币就相对困难许多。这是数量的从少到多。

仍以掏硬币为例，假如首先在口袋里只混合两种硬币，然后再混合三种、四种……这就变化成为品种的从少到多。

我在幼儿园训练孩子手指触觉的其中一个方法就是按以上的道理，在布袋里从少到多地投放物件，让孩子触摸出正确的对象。首先是数量的从少到多，接着是品种的从少到多。把这个活动设计成为孩子之间的游戏，孩子的能力就在游戏中得到训练。

可别看不起这个触摸游戏，它可以提高孩子形象思维的能力。许多老师教学的误区就是在孩子形象思维没有建立好时就进入抽象思维的教学，造成孩子学习困难。简单地说，形象思维就是能够在大脑形成相应物的图像。

不管发展孩子什么能力，都要像掏硬币一样，从少到多地调整。例如训练孩子的社会交往能力，就要指导孩子从一个到多个朋友地交往；训练孩子的语言能力，也要从两个字组成的简单词汇到多字组成的复杂句子。

（四）训练的方法：从易到难地调整

我用学写字的正确方法来说明从易到难的道理。写字需要执笔，执笔需要强有力的虎口（拇指和食指之间的肌肉）、手眼协调的能力，所以学写字前要让孩子多锻炼这两种能力，玩泥胶、折纸、做家务都有帮助。然后是在绘画中画各种点及线，因为字也是由点和线组成的，最后才是正式学写字。

初学时要提供粗的笔，最好是三角笔——用三角笔孩子会清楚三个手指头的位置。开始时不要用方格纸，大白纸随便写，到用方格纸时也要从特大格开始。

写的内容一定要是孩子有经验的，一般是自己的名字；写的字不求多，要好玩。有了这个基础以后，就可以让孩子写中号的格子纸，内容也可以适量增加。这就是从易到难的调整。

（五）生活中训练孩子语言能力的方法

语言能力其实是思维能力的一种表现，因此首先要有表达欲望，例如要吃苹果就会指向苹果。这时候成人就要用正确用语说出孩子的想法，千万不要用童语，即"吃饭饭"之类的语言。因为语言是约定俗成的，即大部分人都是这样说话，成为潜规则，所以没有什么理由可言，苹果就是叫"苹果"，按照约定俗成落实就可以。

到了孩子两岁左右，就要让孩子用语言表达后才反应，这样就强迫孩子语言发展。有一个家境很好的妈妈问我，为什么她的孩子差不多四岁还不会说话。于是我和她一家人一起吃饭看看孩子。吃饭吃到一半我就找出原因：她的孩子根本不用讲话，手指一指，甚至鼻子发出声音，例如"哼"、"哼哼"，保姆就能够猜出他要什么，立即反应。孩子根本不用语言就生活得很好，这样便缺乏了语言能力的锻炼。

到孩子四岁左右，就要孩子每天晚上讲述当天发生的事，要多用介词和连词，例如表示时间的介词和连词：当、首先、然后、最后；表示目的的介词和连词：因为、由于等。介词和连词能够深化孩子的思维，也是训练概念和语言的关键。

到孩子五六岁时，就可以训练形容词和语态（即主动语态和被动语态）。我用的方法很简单，让孩子晚上看中央一台的《新闻联播》，模仿主持语态和用词，然后介绍孩子今天的情况。这方法很简单又省事，但是因为孩子刚好处于语言学习的敏感期，所以非常有效，很多试过的父母都亲眼看到孩子语言能力突飞猛进。

结合上面这个例子，父母们可以思考如何在身边为孩子选择合适的学习对象，同时在生活中创设有效训练语言的环境。

（六）学习外语的能力

请注意，标题是学习外语的能力，不是如何学习英语。学习语言的能力包括了"猜"和模仿发音。"猜"就是猜测发音的意思。幼儿期是学习语言的敏感期，假如有条件，应尽量让孩子多接触不同的语言，并适当辅以训练，这样能提高孩子学习语言的能力。

学习语言的条件主要是特定的人用特定的语言（包括外语或方言）和孩子沟通，不要同一人用两种语言——宁愿用肢体语言。这样不但让孩子掌握多种语言，还能发展孩子以后学习语言的能力。

我在深圳的一些幼儿园就尝试过这样做，因为深圳的父母来自全国各地，家长们会说不同的方言，我们下午就邀请有空的老人过来教孩子方言。目的不是让孩子学习方言，是保持孩子学习语言的能力——"猜"和模仿发音的能力。

我们对比参与这个训练的孩子和没有参与这个训练的孩子在外教英语班的学习表现，结果是参与训练的孩子学习英语的能力有了明显提高，而没有参与训练的孩子变化不大！

这个例子告诉我们，可以有效利用身边的资源，在生活中设计好玩有趣的活动，为孩子提供有价值的训练。同时亦说明了家里老人的价值。

（七）要不要提前学认字

首先，提前认字是否是好事？有的人说提前认字能使孩子提前通过书本吸收知识，但是阅读理解和认字是两个概念。所以我不是很同意特意教太小的孩子认字（但可以在生活中渗透），我宁愿孩子晚些才正式学认字，要是条件允许，甚至小学才开始正式在活动中教授认字。

幼儿以至低小阶段，通过文字学习还不是主要的方式

嘻嘻……这个圆圈圈就是棒棒糖。

原因是过早认字，会影响图像辨认和分解能力

　　原因是，过早认字会影响图像辨认和分解的能力。要是过早认字，看图书首先就是认字，这样便影响了图像辨认和分解能力的训练。有调查说，提前学认字的孩子辨认图像的能力是较低的，即对右脑发展有负面影响。

　　而且我个人认为，在未来社会，对图像的敏感度会非常重要。反过来看，在中班还是大班学认字则没有很大的区别。

　　同时，过早学习认字也剥夺了孩子训练其他学习方法的机会，毕竟在幼儿以至低小阶段，通过文字学习还不是主要的方式。我们要孩子学会学习，就是要学会通过多种方式学习，不仅局限于文字。以后用文字学习的机会可多了。更重要的是，只要五岁前提供充足的经验，在大班学习认字的爆发力就像干海绵吸水一样，一个学期就可以抵得上小班和中班两年的总和。

　　据说在美国，曾经发生这样一件事：1968年的一天，美国一位三岁女孩指着一个礼品盒上的"open（开）"对妈妈说，她认识第一个字母"o"。妈妈非常吃惊，问她是怎么认识的。女孩说是幼儿园老师教的。这位妈妈表扬了女儿之后，却一纸诉状把幼儿园告上了法庭，理由是这家幼儿园剥夺了孩子的想象力。因为她女儿在认识字母"o"之前，能把"o"说成是苹果、太阳、足球、鸟蛋等圆形的东西，但是，自从幼儿园教她认识字母之后，孩子就失去了这种想象的能力。她要求幼儿园对此负责，并进行精神赔偿。

　　法院开庭时，这位妈妈又当庭进行了如下辩护："我曾在一个公园里见到两只天鹅，一只被剪去了左边的翅膀，放在较大的池塘里；另一只完好无损，放在很小的池塘里。管理人员说，这样能防止它们逃跑：剪去左边翅膀的因无法保持身体平衡而无法飞行；在小水塘里的因没有足够的滑翔路程，也只能呆在水里。现在，我的女儿就犹如一只幼儿园的天鹅；他们剪掉了她一只想象的翅膀，过早地把她投进了只有abc的小水塘。"

这段辩护词后来成了内华达州修改《公民教育保护法》的依据。现在美国的《公民权法》规定，幼儿在学校拥有玩的权利。这项权利的列入是否起因于上述那起官司不得而知，不过，有一点美国人非常清楚：这一规定使美国在科技方面始终走在世界的前列，也使美国出现了比其他国家多得多的年轻的百万富翁。

（八）提高认字的能力还是学习认字

我在幼儿园教孩子认字是根据从近到远的原则：首先是自己的名字，然后是父母的名字，之后是好朋友的名字。

孩子学会辨认某一个字就等于刘翔的教练传授了一个技巧给刘翔一样，之后还需要训练这个技巧。于是我设计了一些游戏训练孩子的认字能力，其中一个是寻找字宝宝，就是在身边比赛寻找认识的字，可以是印刷品、路边的广告牌等。这些游戏可以丰富孩子对这些字的经验，同时能够训练他们在不同的环境中对字的敏感能力。

要注意的是，刚开始时给孩子辨认的字要用计算机打印统一字体，因为对孩子来说，不同字体就是不同的字。

（九）轻松教育法：创造孩子自己发展能力的环境

最有效的训练能力的方法就是创造一个让孩子自己发展能力的环境。首先必须理解，所谓发展就是进步，于是环境里要有进步元素，即从浅到深的阶段。然后要让孩子自己决定学习的节奏。有些孩子是先慢后快，有些是先快后慢，又有些是始终如一的速度。幼儿期是唯一能让孩子自己决定学习速度、建立良好学习经验的时期，到了小学后就没有这种可能了。

以跳远为例。传统跳远活动是老师在地面设定起跳点和目标，然后让孩子去跳。我的方法是在地面用直角三角形作为标志，孩子以直线为起点，向斜线方向跳，这样就有很多不同距离的目标。把这个作为长期发展的自由活动，这样孩子就可以自己选择发展目标。当然，老师还是需要照顾到个别有困难的孩子。

三、知识学习不是学习"A for APPLE"

（一）知识非常重要，但要教得其法

父母要知道，知识不是名词。很多父母以为知识就是名词，很努力地教孩子认识物品的名词，当孩子会说出物品的名词时，例如"桌子"等，父母就会很高兴。

其实名词只是约定俗成的称呼，只是构成知识的一小部分，而且不是永远不变的。比如，从前"木"就是木头，现在可以是"有木有"的木，mouse 今天更多理解为计算机用的鼠标而不是老鼠。

知识是什么？专业说法是：知识是认知组成的。简单地说，认知就是事物之间的关

系，例如桌子和形状的关系，和吃饭的关系，和站稳的关系……知识是通过无数的认知组成的，而认知则是无穷无尽的。

你看，苹果从树上落下来多少年，才有牛顿注意到这个现象，然后才发现这个现象和地心吸引力的关系。

教授名词很容易，就是在平时和孩子对话时尽量使用规范的语言，不要用童语或简单用语。例如，妈妈现在给你一杯水。孩子听多了，就能学会这些约定俗成的名词。

丰富孩子的认知经验就不是这样简单，要传递和探索并重。有些要告诉他，有些要引导他发现。每一阶段对孩子有意义的认知都不一样，例如苹果对婴儿期的意义是感觉的认识，到学龄阶段则是相关的种植条件知识。

我在幼儿园采用的其中一个方法是"比一比"，要孩子比一比身边物品的相似之处和不同之处。例如冰箱和衣柜，在功能上都是储存物品，外观也差不多，而且都有门，但是细节就很不同。通过这个游戏，孩子需要观察并比较，于是对事物的认知丰富了，同时也锻炼了观察能力。

（二）知识是通过丰富认知建立的

名词不是知识，只是构成知识的一部分。例如知道"时钟"这个名词，并不代表拥有运用时钟看时间的知识。

要真正拥有知识，只能通过丰富相关的认知。时钟的相关认知就包括看时间，长短针的关系、形状，甚至时钟运作的原理。丰富认知的道理很简单：见多识广。但是操作起来就不简单，因为到了五六岁，孩子就会用语言表达好奇心，看到什么都会问"为什么"。这个时候就很需要成人的引导。

我有一个香港朋友，他丰富孩子认知的方法很有效。每个周日选择一条公车路线，和孩子坐在上层第一排（香港大部分公车是两层的），然后一路上为孩子讲解看到的事物，例如挂在马路边广告招牌的意思，又例如评论路上行人的行为等。自从孩子四岁开始，我这个朋友就坚持这样做，我是亲眼看到他孩子取得突飞猛进的进步。

除了成人指导外，有一些认知是可以让孩子自己发现的。有一次我教孩子数学，随便抓了一把花生，要孩子数多少，孩子数出 28 粒。我把花生分成两堆，问他们总共有多少，他们又再数一遍，是 28。然后我又分三堆，问他们有多少，他们又要数一遍，才知道是 28。

到这里你应该看到，孩子没有数量守恒的概念，即不管怎样分，28 粒还是 28 粒。假如你是老师，你会如何教他们？

我重复了一遍又一遍，到第七遍，开始有孩子犹豫，不再数，轻声说 28。我让他自己数一次，看这猜测是否正确。数完后，他脸上呈现发现知识的喜悦。我接着再分几堆，再问，他们毫不犹豫地说 28。我再换别的对象和数量，他们开始有一点犹豫，但是最后就很肯定数量是守恒的。

让孩子自己发现认知，这是他的一手经验，一手经验可以迁移运用。如果老师直接告诉孩子，那就只是二手知识，二手知识的可运用性及迁移性就不高。

注：迁移的意思是换了环境还能应用。

（三）指导孩子要注意正确的指导用语，以看时钟为例

如果从小在生活中就具备条件，孩子自然会看时钟。前提条件包括数字清楚的钟，不要用那些以符号代替数字或者长短针不清楚的钟，然后在生活中用规范用语和孩子沟通，让孩子注意你讲的时间和时钟两根针的关系。例如，指着钟告诉孩子，现在七点，该准备吃饭了。在这种环境中一段时间后，孩子自然会看时钟。

在生活中学习，是最有效的学习方法之一！

当短针指着七，长针指着十二。那现在就刚好是七点，我们该准备吃饭了。

要是没有在幼儿期创设在生活中看时钟的教育，就只好用教授的方式。教授时要注意用语。我看过一个老师拼命问孩子长针指在哪里，孩子用手指指着钟，回答说指在这里。正确的提问应该是长针指在哪一个数字。

同样的道理，要孩子明白短针在两个数字之间的意思，老师就需要引导孩子注意，正确用语是：当短针过了 7 还没有到 8，这还是 7 点。然后重复迁移到别的数字。

每一个孩子刚开始时都想做一个听话、努力学习的乖孩子。但是往往是成人没有注意指示用语，孩子听不明白，还要被父母觉得不听话、不专心学习，受了委屈的孩子于是干脆就不听话，结果误了一生。

（四）掌握传递知识给孩子的秘诀

每一个年龄阶段都有一定的学习特点，婴幼儿的认知发展必须经过直观、形象到抽

象的过程。

有一次，我看到一位老师教孩子数学：首先拿出五块积木，然后把其中三块藏在手里，桌面剩下两块，问孩子手里有几块积木。孩子听了许多遍都不明白。

我过去问孩子原来有几块，他说五块。我要他用雪花片连接剩下的积木摆回五块，然后要他数用了多少雪花片，他说三片。我要老师张开手让孩子看有多少积木，当孩子看到是三块时，脸上出现了发现知识的惊讶和喜悦。

接着我要孩子不要用雪花片，改为在纸上画圆圈，最后不要在纸上画，改为在心里画。孩子最后明白数量运算的变化道理。这个教育过程能让孩子明白，是因为按照孩子学习的规律，从直观到形象，再到抽象符号。父母在家里教育孩子也要注意这个问题，最保险的做法是和孩子从实物做起，然后到想象，最后到抽象的语言或数字。因为婴幼儿的认知发展必须经过从直观、形象到抽象的过程。

（五）数学可不只是数字

数学是非常重要的知识。很多孩子到学校后学不好数学，往往是因为基础没有打好，在幼儿阶段没有丰富相关的数学经验。

数学没有学好还会影响对抽象概念的理解，简单说就是影响学习理解能力。数学的基础首先是数量概念，即实物的数量变化和运用。然后是这种实物变化和数字符号变化的关系，例如程序的代入。最后才是学习运用数字的符号。

很多成人觉得是理所当然的事情，对孩子来说都是第一次的经验。例如数量守恒，要是没有成人引导孩子注意，孩子可能永远不会注意这种现象。

四、蔡粉浩凯爸比学习感悟

第一次面对这么多人，不免有点紧张，但我又觉得能放得开，因为大家跟我一样，都是同一个角色，都是3岁左右孩子的父亲或母亲，非常高兴跟大家交流。

我的风格跟前面两位爸爸有点不一样，我想跟在座的爸爸，特别和我一样的新手爸爸聊几句心里话。我之前做过义工，觉得特别开心，自从孩子进了蔡老师的示范班，感受很多。

父亲的角色在孩子的教育当中起着非常重要的作用。有个人说过一段话：父亲像一座山，不管你在不在山边，你一定知道山永远在那里矗立。孩子心目中的父亲地位，是老师、妈妈、爷爷、奶奶不能取代的。

我每天开车上班，从福田到罗湖。有一天保姆有事，我就把孩子带到公司。在路上浩浩说"车开得很快"，我说你看看旁边有什么呀？他说有路灯，有高楼大厦，银色的玻璃墙。后来我脑海一闪，三十年前我3岁，我爸爸的年龄跟我现在一样，三十年前同样一个场景，是我父亲骑着自行车，我坐在自行车后座上，他每天早上骑15公里到二厂上班，我在工厂实验室外面玩。

那一刻，我突然感觉到，我体会到了父亲对我的爱，他在自行车前面带着我，现在是我开着车带着我儿子，养儿方知父母恩啊。突然我有了很大的勇气，当时我们很焦头烂额，保姆有事，我跟浩浩妈妈带着孩子，三天两头请假，孩子一生病就不能上幼儿园，但这比起我们的父辈又算什么呢？

下面讲一点体会，虽然我的爸爸教育我也还算成功，但他跟我现在的教育观念产生了分歧，他跟我说"养不教，父之过"。他也来我家住过一段时间，在这段时间里他对浩浩非常之严格。他说"你对小孩子要求要严格，我就是这么培养你们的"，他用事实说话，我还没办法反驳他，"最后你上了轨道，弟弟也是医学院毕业，现在已是主治医师了，你现在也要这么培养浩浩"，我没有反驳他，但我心里也在想这样对吗？后来我想爸爸在智力开发方面做得比较好，但在自主性方面是反其道而行之的，我也是在强力支配下成长的，经常被打得很厉害，记忆当中一想起父亲就是哪次被打。

我在高中时曾经问过父亲一个很愚蠢的问题，现在想起来非常后悔，但当时我一点不觉得。我爸是公务员，最后以处级退休的，但他之前一直是科长。我看我很多同学的爸爸很能干，又是总经理，当时我问了他这样一个问题："爸爸，你觉得你这辈子有成就吗？你的成就是什么？"意思就是很看不起他，我爸一愣，他说："我的成就就是培养了两个儿子，你们两个都有出息"。当时我不以为然，这说明两个问题，一是我爸爸的教育目标是明确的，只是方法不对。现在因为我是养儿知了父母恩，但没有养儿之前，我跟父亲的距离始终是比较疏远的，这也是我不同意他的教育方法的基本原因，那时候还没接触蔡老师的理念，其实我还是受了父亲的影响，但我从心里不一定认同他做严父的方式。

自从有了浩浩，我开始学习育儿，看很多书，有《给孩子自由》、《爱和自由》、《放养你的孩子》等，让我们眼花缭乱，我也不是很认同，有些说法泛泛而谈，没有规矩也不成方圆啊，我实践了一段时间好像也搞不定，那么到底是做慈父还是做严父？我一直是处于焦虑、来回不定、茫然不知所措当中。直到遇到了最心爱的蔡老师。

通过这几个月的学习，我发现其实当一个合格的父亲并不是"做一个慈父还是严父"这么简单，蔡老师的理论我学了两个月才入门，他有三点打动了我，一是科学，二是平衡，三是实用。

我用三件事来说明，为什么抓住"科学"这个关键词。蔡老师的理论是针对孩子的心理、年龄、身体发育的特点讲的，他的话我一开始听了有点混乱。因为这个东西不是绝对的，所以你就会觉得里面的逻辑关系没有把握住，其实不是。首先你要知道你的孩子处在什么阶段，是几岁？2岁孩子的教育方法和3岁、4岁是完全不一样的，这是有科学根据的。举个例子，我的一个失败的教训。当时浩浩2岁时已经有很多自主性行为了，但因为我们没有尊重他，打压，给他讲道理，比方说吃饭不乖，你吃饭不乖就不能怎么样，的确见到了效果。就像蔡老师说的，这种打压、支配式的方式，短期内他会听你的，但到了 3 岁多，就出现了一个问题——反弹。因为孩子就像皮球一样，按到水里，手一放总是会漂起来的，只是早晚问题，如果到十几岁再弹起来的话就很难办了，还好他 3 岁已经弹起来了。现在在幼儿园有一个问题就是跟小朋友的冲突比较多，经过分析，是我们当时对他的压力太大。我们示范班还有一个类似孩子，他比较容易改正，而浩浩改起来却比较困难，当时他自主性出来时，我们家长把它压制了。

二是平衡。蔡老师有几个"平衡"特别抓住我，一是在温柔中坚持，二是在游戏中学习，三是在锻炼中成长。温柔中坚持就是既要坚持原则，又要态度温和。我爸爸就是坚持，但没有温柔，态度就是板着脸，其实可以温柔地坚持，我们有时候都没有想到；游戏中学习就是发展智力，玩和学可以综合，这也是打动我的一点；在锻炼中成长就是孩子的身体可以适应外部条件，不能把他当作温室花朵保护起来，你越保护他，抵抗力越弱，最后孩子的身体就发展不到应该发展的阶段。

三是实用。实用就是很多沟通方式，比如给有限的选择，和孩子一起做，体会孩子的感受，把自己的感受说出来。举个例子，有一段时间浩浩特别不喜欢上幼儿园，早上起来怎么都不去，在幼儿园门口总是要跟妈妈大哭一场。后来我用了蔡老师的方法，用了三招就搞定了。一是先漠视，浩浩早上起来使劲哭，我们先不管他，让他哭一会儿，温柔中坚持，我也不跟他发火，他在哭时，我跟浩浩妈妈自己洗漱，但他哭完以后知道这是底线，是一定要去幼儿园的；二是同理心，等他哭得差不多了，声嘶力竭了，过去抱抱他，说了一段跟他一致的意思，我知道你现在还困，他就知道原来爸爸也知道我很困，不想起来；三是有限范围的选择，就是蔡老师说的下套、挖坑。我跟他说你可以不去，但是今天阿姨公司有事情，你能不能到邻居家呆一天？或者你还有一个选择就是现在去幼儿园，我听说幼儿园又有一个新的玩具。他一想，去不熟悉的邻居家待一天还不如去幼儿园跟小朋友一起玩，马上就起来穿衣服走了。

蔡老师有九招，大家知道的话可以到蔡群里找，这是入门技巧。浩浩现在还有一些需要纠正的地方，但总体来说还不错，我们希望做他坚定的支持者。

一点体会，希望对在座的爸爸妈妈有用。最后我想跟大家一起分享现在很流行的龙应台的《目送》，龙应台说"所谓父母子女的缘分，其实就是一辈子目送他的背影，渐行渐远，你在小街的这一头看着他在小街的那一头，悄然地转弯，而且他用背影告诉你，不要追！"

谢谢！

中级篇

三到五岁

第三章
不要"盲目听话"，要"自律、自觉"
民主型的孩子

传统的观念是"孩子应该乖乖听大人的话"，但是我们有没有思考过"听话"对孩子的意义？形成了盲目服从的习惯和奴隶有什么区别？在现代这种非常复杂的社会，盲目服从的后果可能就是一种不幸。

所以，父母不要肤浅地强调孩子要"听话"，这是封建时代的思维。现在的父母应该提升到怎样培养孩子独立思考能力和建立孩子的常规意识。在建立孩子的常规之前，首先要知道遵守常规的意义，以及让孩子遵守规则背后包含了什么意义。

遵守规矩等同听话、服从命令的传统观念已经过时，我们要知道规矩的产生是自然人朝着社会人发展过程产生的必需品。人类的社会发展是从没有文明的、每个人只为自己而活的个体，到形成集体社会的过程，也是个体意识到"让集体更好才是真的好"的发展过程。更宏观的说法，就是体现个人选择"集体"身份的一个思考过程（俗语说站好你的队），体现高度文明"地球村"、"国际公民"等先进理念的基础。

我国常规教育的发展相对落后，虽然近年已经有一定的提高，但相比其他先进国家，我国国民的社会意识、集体意识还是偏低。我们展望未来，探讨怎样才能让下一代的社会意识跟得上世界最优秀的国家，让我们的孩子长大后不是"想怎么样就怎么样"，也不会只是"乖乖地服从规则"。

我们希望孩子能够理解常规背后的意义，以后不管去到什么地方都能够"既有独立思考能力，又有自我约束能力"。懂得选择适合自己的集体，参与制定并遵守该集体的规则，然后通过在集体里对社会的贡献来建立内心的自我正面形象。能够做到这样，孩子以后在任何一个环境中都能得到别人的尊重和自我内心的平和。

要达到这样的效果，父母必须理解规则是来自集体的，而不是个人。有一天朋友跟我说，"蔡老师，我儿子老是跟我对着干"，我问，"怎么跟你对着干"，"举个例子，我让他下楼帮我拿东西。才拿了几次，他就跟下面的阿姨讲，我妈真烦，老是指派我干活。后来阿姨跟我讲，我跟我儿子说，我生你来干嘛？让你帮一下还不行啊？"

很多父母的问题就是想让孩子服从于个人，你要听我的，要知道每个人都不喜欢受别人支配，只喜欢发自内心的遵从、服从。

比如你让孩子收拾玩具时说，"我让你收拾玩具，你还不赶快"，再比如，"我告诉你，你别吃饭看电视啊，你再吃饭看电视就试试看。"这样的话谁听着舒服呢？你可以这么说，"吃饭时看电视，我们一家三口都会消化不良，到时候爸爸妈妈辛苦，你也辛苦，你生病我也伤心啊。"两者的区别是前者以个人权威发施命令，后者是以集体立场和感情基础提出意见。

我们经常说对孩子要有耐性，特别是当孩子 5 岁时，孩子会天天问为什么这样啊、为什么那样啊。我有一个朋友说，我儿子老问我为什么男孩子有鸡鸡，女孩子没有，女孩子哪里尿尿呢，一路问为什么，问得我都火了，我就说你别问好不好，哪有这么多为什么？

父母要记住的是，让孩子自律就是跟孩子斗耐性，关键记住不能说"要听我的"，可以说"你这样做会有什么后果"；不说"你一定要这样"，而是说"你这样做会有什么后果"、"你这样做，对全家人会有什么影响"。

一、在童年游戏中经历规则要求，
长大后自然懂得与人相处

什么是规则？广义地说，规则是天地万物为了更好地生存而形成的生活规律，这些规律包括了人类的"日出而作，日落而息"，动物的周期大迁徙等。这些规律的形成应该是顺应自然，也是自然生成的。规律不只是人与自然之间的关系，随着人类社会化的高度发展，人和人之间的规律更显得重要。但不管是人和自然之间的规则还是人和人之间的规律，都应该是顺应自然而生的，我们经常看到孩子在游戏过程中很自然就会形成规则。

（一）规则是自然人迈进社会人的自然生成物品

我认为人际之间的规则是自然人迈进社会人的自然结果。什么是社会人？社会分工，每个人都有自己的工作岗位，大家一起建设这个社会、打造这个社会，这是社会人。然后形成集体，通过建立各种规则，分工合作，各自发挥所长，让集体产生比个人更大生产值（包括精神和物质层面）。例如书桌上几毛钱的铅笔是必须集体分工才能够生产出来，个人是没有能力用几毛钱成本生产出来的。而规则的价值就是让集体能够更舒适和安全地生活，文明人的代价是需要遵守社会制定的规则，牺牲个人的一些利益维持集体秩序，例如排队轮流等。

（二）"大家好，我就会更好，这才是真的好"

个体遵守规矩其实就是希望让集体更好，而不是单单让个人更好，个人可能需要牺牲个人的部分利益，去让这个集体更好。在自然世界中，我们经常看到老弱的动物会牺牲生命来保存年轻的生命，让物种得以延续，这种情操可能比人类更高尚。

在人类来说，能够理解到"集体更好真的会让个人更好"，"如果只是为了个人的利益破坏集体，可能后果会更坏"已经很不错。

比如说日本大地震后日本人的规矩很好，没有人趁火打劫，整个日本社会在地震以后也相对比较稳定。假如这件事发生在不文明的地方，你想想情况会怎么样？"我去抢，只要我有得吃，才不管别人怎么样。"但是当那些人没得吃的时候，就会用暴力，结果可能会发生暴乱，对个人的后果会更坏。

所以遵守规则背后的意义是个体明白到自己是集体的一部分，愿意为集体而付出，明白到让集体更好个人就会更好，而不只是看眼前的小利。

（三）国际之间的博弈其实就是孩子之间的游戏

几个孩子在玩游戏，另外的孩子想加入就必须遵守游戏规则。中国要参加世界贸易组织就必须遵守该组织的规则。不管是孩子的世界还是成人社会，遵守规则的原因是要让集体的活动能够进行，体现"集体好才是真的好"。为了让集体好，参与的个体可能短期需要牺牲个体的一些利益。简单到像排队就是最好的例子，一个社会的文明体现，其中一个元素就是排队。

但是集体规则是可以改写的，例如几个孩子在玩游戏，另外一群孩子要加入，但新来的孩子要实行新的游戏规则，否则就揍原来的孩子。用强势改写游戏规则在孩子（甚至青少年）的世界经常发生，这也反映了成人社会的真实现象。例如美国要侵略伊拉克，虽然联合国否决了，但美国还是不管联合国的裁决，侵略了伊拉克，改写了伊拉克整个国家的规则。当然这种用武力改写规则也有正面的例子，例如中华人民共和国的建立就是用鲜血改写了封建社会的规则。

（四）孩子之间制定规则的方法，有时候比大人还文明

除了用武力改写规则，也有用谈判、商量的方式。幼儿园就经常看到孩子们通过协商调整游戏规则，成人的商业社会运作就是体现通过协商重新制定规则最多的地方。可见建立和改变规则首先要有集体，集体是由个体建立的，个体对集体的身份认同感的强弱能判断集体的凝聚力，也决定了个体遵守规则意欲志的强度。因为只有当个体对集体有强烈的认同感时才会爱护集体的利益，愿意牺牲个人部分利益换取以后更大的利益。

所以，我们看到常规最好的国家，国民的荣誉感、归属感也是最强的。日本人和德国人的常规意识很强，国民以自身国民身份为荣。国家的尊重措施也让国民产生强烈的归属感，例如日本出口的都不是最好的产品，好东西留给国民享用等措施就可以看到集体和个体利益的一致性。20世纪90年代我在德国幼儿园看到一系列很好的学具，于是找到厂家想代理到国内，结果厂家一口回绝，说德国人的智慧只为德国人服务，再多钱

都不卖。20世纪三四十年代日本、德国两个国家的人口加起来也没有多少，但二战时候它们敢攻打全世界，就是因为这两个国家的人都以作为其国民为荣，愿意为集体牺牲。

（五）集体的荣誉感带来的是让每一个集体中的个体受益

集体的荣誉感和生产质量也有关。我一个朋友是华裔德国人，是做家具的。他把整个德国工厂的机械——搬到中国国内，整个工厂跟德国那边一模一样，连一颗螺丝都是德国过来的，只是工人不是德国人。结果做出来的东西总要差那么一点，原因何在呢？

因为每个工序的偏差只有那么一分，结果几百个工序下来就会差很多。德国人认为自己是工厂的一员，以工厂的出品为荣，一定要保证出来的东西是最好的，而对中国工人来说最重要的可能只是发工资，赶紧做完赶紧下班。

日本、德国之所以强大就是因为每个人都以国家为荣、以单位为荣，所以这两个国家的产品都是严谨的、高质量的。由以上例子可见建立个体对集体的认同感是建立常规的第一步，而这种认同感能带来集体和个体的共同利益。

二、"自律、自觉"的孩子就是"心理健康"的孩子

常规的发展过程不是要求孩子乖乖听话，而是让孩子成为现代人、文明人的重要过程。幼儿期的教育是建立孩子良好素质的主要阶段之一，其中很重要的一点就是为孩子建立常规意识，让孩子理解常规背后的意义，建立个人正确的价值观。

父母不但要引领孩子做到"自律、自觉"，同时在这个过程中给予孩子自主选择群体的意识和能力。让孩子初步了解建立常规的过程，不但是从自然人到社会人的过程，同时也是建立个体正面自我形象的过程，而正面的自我形象就是心理健康的基础。

（一）自觉遵守规则的前提是安全感、归属感和荣誉感

产生认同感的前提是安全感、归属感和荣誉感。进入一个新集体，首先需要安全感，人的恐惧源自"对未来无知"、"不知道会发生什么事情"，所以安全感的基础是"可预知性"。这就是为什么需要有熟悉感和规律感，因为这两种感受是预知感的基础。

有了安全感就需要归属感，归属感的基础是参与感，参与感包括有决策权和有贡献感。最后是荣誉感，荣誉感包括了集体和个体的成就感。

这些身份的认同感都需要建立在个体和集体的共同目标上（孩子之间的共同游戏），即把个体利益和集体的利益捆绑在一起。这些规律在孩子游戏过程和成人社会都是一样的，所以，"没有在童年游戏中经历过的，最终也要在成人社会经历，代价可不一样！"

（二）自律首先需要个人在集体里获得尊重

如何判断个人在集体里是否获得尊重呢？例如，是说"请你回到自己的小椅子"，

还是说"看看你是否可以找到自己的小椅子啊"。这两句话一样吗？第一句话是指示孩子回到自己的小椅子，第二句话是询问孩子有没有本事找到自己的小椅子。第一句话是支配孩子，第二句话是让孩子有选择。父母一定要记住，用语很重要，你的用语要让孩子觉得自己是不受支配的，虽然往往父母是不知不觉地在支配孩子。

对于5岁多的孩子，要让孩子学会明是非、会思考，要跟孩子大量讲道理，但道理的基础一定是以集体利益作为衡量的。多和孩子讨论时事。这个世界什么是对、什么是错？

父母要知道，是非对错先要有一个客观条件，客观条件统一才能讲对错。统一首先是定义集体，对孩子来说集体就是"家庭"。对集体有利的就是对，伤害集体的就叫错，当你吩咐孩子的时候，不说"回到自己的小椅子"，而是说"你们能不能找到自己的小椅子啊"，这就从支配到有选择、有思考，从点点滴滴的关键用语就能让孩子感受到不一样。

（三）你是下列的哪一种人

我认为可以用四种水平区别个体的社会发展素质。第一种是只顾个人眼前利益、无视社会集体规则的人。这种人漠视规则的原因可能是无知或者是自我中心。经常看到从农村到城市的农民在高速公路上横过马路，这就是无知。但现在也经常看到一些孩子，在公共场所到处奔跑影响别人，父母也不管教，这些父母误解了"自由和童真"，这种放纵只会培育出自我中心感极强的孩子，以后这些孩子很容易变成漠视社会规则的人。

第二种是因为惧怕受罚而遵守规则的人。经常看到父母和老师对孩子遵守规则的行为做出过多不必要的表扬或者责备，于是孩子只是为了得到表扬或者避免责备而遵守规则。等孩子成大，能够充分自主、也不再有奖励和表扬时候，孩子可能就不再重视规则。而且孩子习惯了活在别人的价值观之下，没有独立思考的经验，去到新环境、新规则就不一定能够理解和适应。

第三种我称之为"伪社会人"，这种人既要得到集体的好处，又不愿意遵守集体的规则，有些是抱着侥幸的心理，有些就是操控集体规则的游戏，玩弄权术。例如操控金融市场规则的人和垄断商业市场的奸商等。表面上这种人最有优势，但是这些人内心的自我形象是低落的，不敢正视自我，心理有缺陷。他们的孩子没有榜样学习正确的价值观念，他们也没有办法建立家族的荣誉感。

第四种是明白集体好、个体才真的好的人，他们也是遵守集体规则，同时积极参与制定更合理规则的人。

（四）"快乐"源自外，"欣喜"源自内

要体现教育的其中一个目标——从自然人发展成为社会人，我们的任务就是让孩子长大后到全世界任何一个地方都能够适应该环境的素质要求，同时以"能够为集体产生

"贡献"作为人生积极努力的方向，也在这个过程中建立正面的自我形象，能够独立思考判断，不盲目服从。

除了以上的理由，遵守规则后面还有更深层的意义，就是有效建立孩子正面的自我形象。我非常强调每一个孩子的自我形象，很多大人都希望孩子快乐，我更喜欢欣喜，我觉得快乐的源头是外来的，欣喜的源头是内心的。欣喜就来自正面的自我形象，正面就是敢于真实地面对自己，"这是我的强项，那是我的弱项，我不需要掩饰，不需要讲大话，不需要吹牛，我敢于真实面对所有人。"也就是"真善美"中的"真"。

自我形象建立就是这个孩子必须很清楚自己的强和弱，他知道自己是什么样的人，也敢于以真实的一面去面对这个世界。这是基础，有了这个以后孩子就能够很坦然地去适应新环境，不需要撑开保护伞。

你身边可能也有这样的朋友，以吹牛、弄虚作假来撑起保护伞，保护自己相对自卑或没有信心的心理状态，这种是从自卑感变成自大感的现象。自我形象很重要，个体能够坦然面对，不用自卑，也不用自大，这种自我形象是心理健康的基础。

（五）自律的最终目标是：拥有选择自己喜欢群体的智慧

在遵守规则的过程中还有一个重要元素，就是选择适合自己的群体。社会由无数的群体组成，有追求财富的群体，有追求权力的群体，有追求知识的群体……俗语说"人以群分"，没有找对适合自己的群体是很痛苦的事情，因为每一个群体都有不同的价值标准，例如不喜欢财富的人跌进以财富为价值标准的群体就会很自卑、很难受。

可是在某一个群体里就必须遵守该群体的规则（就算不是自愿），这种被动遵守规则是非常痛苦的事情。所以到最后个体就会扪心自问，究竟我想和什么群体一起生活？慢慢就会明白自己，拥有选择群体的智慧。

不管你的身份、地位，所有人都有一个一样的身份、都有共同的目标，我们都是地球人。大自然所有物种的自然责任就是让物种得以延续，从自然人迈向社会人的同时，人类为了小集体的利益，往往忘记了作为人类的共同目标——延续人类这物种。于是人类无限度发展，破坏自然生态，贻害人类的延续。文明是如何衡量？我认为衡量文明的标准就是个体选择的集体的高度。而最高的文明，我认为是选择以"地球人"作为集体身份，为地球的利益而愿意做出个体的牺牲。

三、培养"自律、自觉"孩子必须遵循儿童
心理学和环境学规律

要培养"自律、自觉"的孩子，必须根据孩子的心理发展特点施教。父母必须了解孩子心理发展的不同阶段，采用的教育方法要符合每个年龄段孩子的心理特点。

我把幼儿常规发展的心理发展从两岁开始简单分为三个阶段。因为两岁之前的孩子

很容易建立规则，只要生活规律固定，父母温柔地坚持生活规律，基本没有什么困难。（温柔坚持是蔡氏教育法其中之一，意思是成人温柔地坚持正确的方法）

第一个阶段是懵懂期，两岁到三岁半左右的那些孩子就是懵懵懂懂的没有思维的判断能力，不会思考深层次问题，完全是凭感觉、凭生理直接感受而作出行为反应。这个阶段的孩子是为了证明自己是独立个体而需要自主权，所以表现得很不听话。例如喜欢按遥控，喜欢丢东西等。懵懂期的孩子只要你满足了他的自主需要，同时给予安全感和关爱，他就会按照环境暗示建立常规。

第二个阶段是无意识的反叛期，大概是三岁半到五岁左右，这阶段孩子开始上幼儿园，面对新环境的适应困惑，所以会延续了之前的反叛行为。同时为了表现自主意欲，往往为了反对而反对。

第三阶段是选择性反叛期，大概是五岁之后，这时候的孩子是根据内容来选择听不听话，对自己有利的就听，没有好处的就不听。以下会介绍不同阶段孩子的特点和教育方法。

（一）"自律，自觉"的基础是安全感

要孩子遵守规则首先需要有安全感。什么是安全感？大人往往有两个误区，第一个误区是以为多陪伴就会有安全感，于是有些妈妈工作也不做了，每天跟孩子一起玩，天天看着他，但孩子不一定有安全感，可能反而会有被监视感。孩子需要空间，不是说妈妈花很多时间盯着他，他就有安全感。我们想想，如果家里的另一半天天盯着你，"怎么样啊，吃饱了没有？""休息好不好？""睡得好不好？"这样你不但没有安全感，反而会感觉到很大的压力，就像有人盯着你一样。

所以给予孩子安全感、关爱感是有技巧的，对于孩子来说，怎样才是有安全感呢？首先是他需要见到你的时候能够见到你，他见到你跟你见到他这两件事是不对等的。很多大人搞错了，应该是他见到你他就放心，他不一定想被你盯着。应该是孩子有安全感，不是让大人有安全感。当他感觉到需要你的时候就能找到你，当他不要你的时候，大人就别在他面前走来走去。很多大人经常犯的错是经常围着孩子问长问短，孩子不需要大人的时候大人就出现，当他需要大人的时候大人反而不出现。

（二）沟通不要局限语言，应该更多肢体动作和环境暗示

父母常见的第二个误区是沟通方法不正确，运用过多的语言，而较少肢体接触。当孩子还是婴幼儿时候，大人的面部表情要丰富、笑容要亲和、眼神要像会讲话一样、手要经常轻轻地抚摸孩子，这些都是让婴儿产生安全感的方法。和这个阶段的孩子交流，大人讲话的语气应该让孩子感觉节奏很轻快、很舒服，如果大人的动作肢体语言缓慢就能够让孩子觉得很安全。

当孩子开始能讲一点语言的时候，大人尽量不要用支配性语言，例如，不说"你的

腿赶快放下来"，而是说"我知道腿放上去很舒服，妈妈也想这样做，不过妈妈是淑女，淑女不会这样做。"

尽量用同理心的语言取代支配性语言，能够让大人尽快跟孩子建立感情，因为这样孩子才知道"大人理解我的感受"。这种感情传递不一定用语言，大人可以适当的时候拍拍孩子的身体，或者传递眼神，抱一下，孩子就更能感受到你的关爱。

（三）环境暗示——育儿神器

建立感情后，环境的暗示也很重要。环境暗示就是不直接命令孩子，利用环境产生行为暗示。举例，当孩子小的时候，吃饭时都是孩子先吃，然后大人再吃。到孩子两岁了，能够自己吃饭了，在饭桌上隆重地为孩子摆一只碗、一把勺子，告诉孩子"两岁了，可以坐到桌子上一起吃饭了"，然后就不用管他了。当大人不管他，他看到每个人都拿着碗自己吃，正常孩子都会模仿大人，拿起饭碗自己吃。最重要的是别管他，只要孩子在这个环境建立了充分的安全感，他会接受环境的暗示，在环境暗示中建立常规。

但如果你说"两岁了，该自己吃饭了"，这样一说，孩子可能反而不吃了。因为你破坏了游戏规则，不是环境暗示，而是直接命令，这时候就不是自己吃饭还是喂饭的问题，而是"我听你还是你听我"的斗争。

（四）大人不在，孩子可能更会遵守规则

我有一次到幼儿园看到一个插班生，面前桌子上放着几块积木，但手夹在大腿中间不动，坐着发呆。其他孩子都在玩，他呆呆地坐着，没有人去关心他的感受。我过去拿了几块积木，在他面前摆弄。一开始他没注意，后来用眼神参与，我用肢体引领他的眼睛，他的眼睛就跟着我的动作转动，然后我就抓到他的注意力了，他开始用积木模仿我的游戏。

这时候我就离开，留空间给孩子。很多大人这时候可能会跟孩子说"你应该怎么样、应该怎么样"，但我选择离开，几分钟以后回来看，这个孩子已经在很专注地游戏。

通过这个例子说明关心不是语言的，是要用心去关心孩子。我看到孩子在那边发呆，过去关心他，知道他对这个地方没安全感，首先要让他有安全感，如果我一个陌生人突然过去跟他打招呼，会让他更觉得不安全，但这是绝大部分老师可能会做的。我敢说一百个老师，至少九十五个老师看到这个孩子都会说"宝贝，叫什么名字啊，来玩这个"，这样反而让孩子更恐惧。

我很清楚怎么样能够让孩子有安全感地自然参与，我知道这个孩子需要的是引领，让他敢于去玩，我在他面前支持他，玩给他看，一句话都不讲。孩子首先是用眼睛参与，然后最重要的一步是我要离开。如果我不离开，孩子会有压力，我走开，留空间给他，让他继续玩，孩子就会在安全感基础下，跟随着环境暗示遵守规则进行活动。

（五）孩子故意跟你对着干，可能就是为了追求更多的心理安全感

正常情况下，在四岁之前，大部分孩子的常规都能建立起来，但如果周边的环境暗示不充分，爱和安全感不够，孩子就会故意跟你对着干，或者故意捣蛋。其实孩子是为了追求更多的心理安全感。

心理安全感有两个极端，一是太多爱，太多大人主导的关爱是压力，孩子会想逃避，让大人别再管他。另外一种是大人过多支配孩子，孩子就反抗，跟大人对着干。

我的观念是给孩子的关爱要适度，这样才能够建立孩子不偏不倚的心理素质。建立良好的心理素质后，就需要为孩子设计明确的常规暗示。

建立孩子常规环境的元素必须有一致性，因为只有通过长时间环境要求的一致，才能够塑造孩子遵守常规的行为习惯。所以环境暗示的要求是：清晰性、一致性和重复性。天天都一样的，孩子很快就能建立习惯，如果是周一三五这样，周二四六那样，孩子就根本没有办法建立习惯。

（六）父母为孩子建立归属感的方法

让孩子对家庭产生归属感很重要，父母首先是一定要关心孩子，关心孩子就是要读懂孩子的心，知道他的感受。比如说有一次我家孩子回来，脚上有一条很深的伤痕，我老婆跳起来问怎么了，但是儿子轻描淡写地说"没事儿，滑板时从楼梯上摔下去了"，我老婆说"赶快送医院"，儿子有点不高兴，说"没事，没事"。等我老婆走了，我跟儿子说"挺好玩的哈"，儿子说"对啊，是挺好玩的，一下子滑下来确实很刺激，不过还是有一点痛"。我说"爸爸帮你消毒，以后小心一点，你受伤爸爸妈妈都会很担心。"谁的话可以听进去？肯定是我的，因为我说的话体现了理解和关心，而不是责备。

所以父母对孩子最重要的是关心，比如说在外面集体活动，孩子不敢上台表演，不要跟他说"上去啊"，这样是没用的，应该说"上去不容易的，很紧张呢，不怕，做一做，到你可以的时候告诉妈妈"，用心去关心、感受孩子。

第二个是信任，信任是"我相信你会坚持做好"，这不等同于"你一定会做好"。父母不要用质疑口吻问孩子"行不行啊你"，一定要相信你的孩子会坚持做好。

有一天我跟朋友吃饭，他说他儿子在考试，明天要考物理，他发信息问他儿子"考试考得怎么样"。他儿子回信息说"还行吧，不过明天考物理就没什么信心"。猜一猜我这个朋友是怎么回的信息？他说"我们暑假好好补课"。试想明天考试，父母就跟孩子讲暑假好好补课，表示你觉得你孩子不行。就像打仗一样，将军带兵打仗，对士兵说"敌人好厉害，不要怕，万一死了我会好好安葬你们"，哪儿有这样的呢？一定要相信、信任你的孩子可以，一定能做到。

但也一定要给他多次机会，前面一两次做得不好很正常，我知道只要你努力一定能做到。你不断相信孩子，孩子就可以，一定要记住。三十多年接触孩子的经验让我很相

信一句话，孩子是说出来的，你说他可以他就可以，你说他乖他就乖，你说他是什么样他就是什么样。

第三个是支持，就是在你必须出手的时候帮他一下，最好是在背后帮，不要抢功，要低调，要让孩子不知道，还觉得是他自己做到的。做父母的一定要在后面帮助孩子，做一个默默的支持者，需要时才出手，而且不要让孩子知道是你出手的。因为如果他知道是你帮他的，他就没有信心了。

四、按照这些方法就可以培养出"自律、自觉"民主型的孩子

在孩子三岁半之前，只要掌握孩子心理发展需要就可以解决大部分规则问题。但这时候还不可以说是自律，只可以说是建立了健康的心理素质和形为习惯，还没有达到"自我约束"的自律阶段。

当孩子进入到第二阶段，即无意识反抗期，就可以开始初步培养自律意识。这时候孩子大概是三岁半、四岁左右，该年龄的孩子是以自我为中心，"我说了算，你要我朝东，我就往西"，孩子是为了反抗而反抗，所以孩子绝对是跟大人对着干。但这个阶段一定要让孩子正常度过，不能打压他，要让孩子感觉他是做主导。因为这时候的孩子是在探究"自我"，这阶段需要让孩子觉得自己是一个"有用的独立个体"。这个时候父母掌握以下正确的方法就非常重要。

（一）感谢式的表扬建立归属感

首先父母要经常反思，孩子在家里有没有归属感？他有没有以家为荣，以作为家的一份子而骄傲？如果有了这个心理基础，往后的常规培养就很容易做。怎样考验孩子的归属感？如果妈妈说"今天活动就是我们家的展示，如果我们做得好，全家都有面子，如果做得不好，我们家就没面子了。"如果你的孩子说"无所谓，你好不好都不关我的事"，那他的归属感就不强烈。

让孩子帮忙是建立归属感最简单的方法之一。比如，妈妈洗完衣服孩子帮忙拿过来，这时候表扬孩子的技巧很重要，不要只是说"你很棒"，而要说"谢谢你，你能够帮忙，能够为家里做贡献"，孩子就会以家为荣。因为想让孩子遵守家里的规矩，希望孩子在家里听话，首先要让孩子喜欢这个家、以作为这个家的一分子为荣，以爸妈为荣。在家里有贡献，是家里有用的人，这种感觉越强大就越能遵守家里的规则。作为幼儿园老师同样如此，希望孩子听话，首先就需要让孩子觉得自己在班里是有用的人。就像学武功一样，得先把内功练好。

感谢式的表扬可以延伸成为群体的关怀，例如，通过聊天知道孩子班里某一名孩子生病没有回来，父母引导孩子打电话慰问生病的孩子，通过这种集体（家庭）帮助别人

的行为，家庭的归属感自然也可以提高。

（二）急功近利教育下的孩子是浮躁的

在幼儿阶段，老师、家长往往犯的错是急功近利，过于看重眼前的成果，而不考虑背后的意义和价值。我曾经做过一个活动，有一个环节是孩子把即时贴撕下来贴在胸口，因为没有缺口，这些即时贴很难撕开，有好几个家长就想帮孩子撕。其实孩子绝对能撕开，只要他专注，尝试长一点时间，他是能撕开的。

是急着让孩子一秒钟就撕开贴上去，还是允许孩子花稍长时间撕开呢？家长往往希望一秒钟见效，而不愿意多花两分钟让孩子慢慢撕。这中间的区别在哪儿？区别就是，孩子多了一次自己解决问题的经验，还是多了一次让别人帮他做的经验，是多了一次小手训练的机会，还是损失了一次机会，是多了一次感受"我可以"的机会，还是多了一次"我不行"的机会。

在常规教育中，父母必须理解常规背后的意义。第一步是让孩子通过自己的努力成功，建立自信心。然后打造持续的动力，这个动力就是以家为荣，以作为参与者为荣，他觉得我是家里的一分子，我应该做好。

（三）大人假装弱势，引导孩子强势参与集体

在这个阶段，大人有一个方法可以参考，就是自己假装弱势。因为这个阶段孩子的心理是追求自主，所以很想指挥别人。与其和孩子较劲还不如假装弱者，让孩子指导。当然中间有秘诀，就是采用封闭式问题来引导孩子，避免让孩子乱出主意。

例如，妈妈可以问孩子，"今天去听蔡伟忠老师的课，是穿这一件红色衣服还是这一件黄色衣服。"让孩子二选一的方法能够促进孩子的集体意识，同时培养孩子的独立思考习惯。

一些无伤大雅的事情就直接"装傻"，例如，可以问孩子"这个玩具怎样玩，妈妈不会，你教一下妈妈好不好"等。

（四）理解＋信任＋支持＝自觉＋自尊＋自律

记得我儿子读二年级的时候作业很多，我老婆便排好时间表，盯着儿子做作业，每天都做到十点、十一点。有一次我回家时看到他们俩吵架，儿子作业做得很慢，我老婆就火了，要揍他。

于是我去找儿子。我首先用同理心的正能量，我说，"宝贝，爸爸知道你很用心想做好，现在肯定很委屈"，然后再用信任认同的方法，接着说，"你都已经这个年龄了，爸爸觉得你应该可以独立自主做自己的主人。"我儿子的反应是立即跳起来，"可以，我可以自主"，我说，"我相信你"，他说，"当然了，我可以自主"，我说，"你绝对可以自己做学习计划，不用妈妈来做。"他高兴得不得了，眼泪都差点掉出来了，原来爸爸这

么理解我。所以，一定要让孩子知道你是理解他的。

我说，"这样吧，我给你一个礼拜时间做学习计划。"要记住，第一次肯定不会成功，一定要多给机会给孩子，千万不要想一次成功，因为你让他一次成功，他就会觉得很困难。我管理的幼儿园的老师是这样培训的，解决问题之前要跟孩子说在前面，这件事要做几次才能成功，这样的话孩子就没有压力。

"爸爸做学习计划做了五六次，看你能不能两三次搞定。"我儿子星期一开始做学习计划，因为第一次做，很想表现，结果没做好。我没有帮他，因为我希望儿子学会做人生的计划，他自己进行调整，调整三次以后慢慢掌握到方法，就能够比较快地自己完成作业。

几个月后有一天我回到家，看到他居然在看电视，我问他，"为什么不做作业"他说，"一早就做完了"，我说，"怎么一早就做完了"他说，"我在学校做的"，他见缝插针，有一点时间就做，我问他，"为什么不回家做，舒服一点啊"，他说，"在学校不会做可以问老师，在家不会做问妈妈还是不会"。

通过这个案例，我们可以看到，"理解是自觉的基础"，"信任是自尊的基础"，"支持是自律的基础"。

（五）相亲相爱的家庭带给孩子荣誉感

孩子对这个家有多大的归属感、荣誉感，和孩子本人在这个家里有多大的参与度成正比。首先这个家是不是能够让孩子觉得有光荣感，二是他对这个家的参与度。

假设爸爸每天都跟妈妈吵架，妈妈天天骂他，"你就吃喝拉撒，其他啥都不会"，作为他的儿子，感觉会不会好受？他肯定会觉得很不舒服，没有归属感，所以夫妻和谐很重要。不要在孩子面前吵架，在孩子面前一定要说对方的好处，让孩子对家有荣誉感，这种感觉越多越好。

建立荣誉感后教育孩子就相对简单。父母不用花时间去教训孩子该怎样做，只要花时间让孩子觉得这件事是他应该做的，如果不做，就给整个家丢脸了，孩子自然就会做好。

聪明的父母会花70%的精力激发孩子的动力，剩下30%教孩子技巧、调整方向，最后让孩子自己做。这样做带来的最大好处是孩子在这个过程中所有的经历都是他的。只要你把70%的精力用于建立动力，你的孩子有了动力，早晚会做好。

（六）家族的荣誉感不是物质的虚荣，是精神的富足

大约五岁左右，孩子进入有意识反叛期。孩子看到对他有好处的就听，觉得对他没有好处的就反对，即选择性反抗。这个时候就要开始和孩子讲道理，教给孩子集体规则背后的意义，同时让孩子充分参与制定规则。

但首先要有基础，就是必须让孩子感觉作为班里或家里的一分子，有归属感，感

觉到光荣。在家里要让孩子知道家族和爸爸是对社会有贡献的，而他作为爸爸的儿子感觉到光荣。这个光荣不是有大别墅住，也不是有大车开，而是爸爸实实在在诚恳地为社会做贡献，这样孩子就能感觉到光荣。同时妈妈也是为家里付出努力，对家里有贡献的。

然后，也要让孩子感觉到自己在家里得到妈妈的关爱，并且能够为家里付出。比如，孩子画一幅画挂出来，让家里更漂亮，吃完饭后孩子能帮着捡饭粒，这些都能够让孩子觉得在家里是有用的人，这样孩子就建立了对家的归属感、荣誉感。他觉得这个家以他为荣，这个以他为荣并不是跟有钱人比身家，也不是跟谁比有多少钱、多少地位，而是"我是家里的一分子，我们都是为社会做出贡献的"。同时这样给了孩子正确的价值观，这个价值观又带给他在家庭的荣誉感。

（七）五岁开始，应该让孩子参与制定规则

进一步提升孩子的自律意识就是让孩子参与制定规则，当孩子五岁左右时，五岁前那两招就不够用了，这时候就必须让孩子参与制定规矩。例如三个人看电视，只有一台电视，妈妈要看电视剧，爸爸要看新闻，儿子要看动漫，怎么办？那需要大家定一个制度，定制度肯定个体要做出一些牺牲，按照自然人规则，只要其中一个打赢其他两个就可以天天看电视，但为了体现文明人的方式，强者也要做出一些让步。

规则意识可以让孩子初步了解民主，民主对孩子好像很遥远，但当孩子青春期、反抗期的时候，如果还像我们那个年代的父母那样简单粗暴对待孩子，孩子就会出问题，那时候大部分父母是"我说了算，几点回家，不然打断你的腿"，多少岁前不能交女朋友等。如果现在这样做，孩子到了十七八岁肯定会离家出走，现在的孩子要民主、要尊重，父母要放下一些你觉得一定要这样做的，要把"一定"放下，每个人放下一点点"一定"，每个人退一步，家庭就和谐了。

（八）先情后理——能够成就孩子心灵健康

和孩子沟通永远是先情后理，比如"我知道你肯定很紧张，如果我做这件事的话也会很担心。"一定要先情后理，会用语言的就用语言，不会用语言的就用肢体，肢体语言也很重要，有时候一个拥抱就解决了很多问题。

父母要避免一开口就训孩子，永远要先跟孩子讲情，"妈妈知道了，早上起来真辛苦"、"我也不想这么快吃饭"，一定要先说感受，表达理解和关爱，谈完情再讲道理。

（九）正面的描述表扬——建立孩子自评自律的标准

建立自律的评价标准就需要采用正面的描述表扬，描述为什么获得表扬。例如"刚才你拿卫生纸给大家，很会照顾别人。你果然长大了，爸爸很高兴你这么会照顾别人。"

（十）要相信基因，但更要相信正能量和方法的威力

我有一个学生在厦门做幼儿园老师，班里来了一个很头疼的孩子，不听话，调皮得不得了。我这个学生每天中午睡觉都陪在他身边，天天给他讲故事、唱歌，这个孩子是单亲家庭，父母离婚后跟着妈妈，妈妈把他交给外婆，然后妈妈又到处忙工作。我这个学生两个月里每天牺牲自己的午睡时间陪着他，最后把这个孩子收服了，当他知道有人关爱他，有人为他付出，他就会愿意为这个集体服务。其实教育的基础就是让孩子感受到爱。

（十一）二胎的孩子可能会故意违反规则争取父母关注

当父母准备多生一个的时候，一定要做好衔接，让孩子喜欢弟弟妹妹。我们班里有一个孩子，他父母生第二胎的时候我们做的孩子工作，让他觉得自己有妹妹很骄傲，有了她，自己的身份都不一样了。这个孩子我们帮他过渡得很好，因为弟妹就变成了荣誉而不是争宠的对手。

五、豆豆成长实录——一个蔡粉妈妈的思考

女儿上幼儿园之前我也是大大小小的书籍看了一堆，不敢说专家，也基本上将市面上热销的育儿书籍看了个遍。当时看到蒙氏、华德福真是让我激动不已，特别是那"自由"二字，简直就是道出了我从小到大一直以来的渴望。当初上大学填志愿就一个念头，一定要考外省的学校。终于如愿以偿了，心里特别高兴，女同学大多是哭着离家的，就我是笑嘻嘻上的火车。到现在还有班里的男同学说："当年你真坚强啊，我们都用你来鼓励其他女同学呢。"

现在我也当上妈了，怎么也不能让孩子再受我当年的罪。所以，在上幼儿园之前我什么亲子班都不给她报，就让她拼命玩，在家什么东西都不教，想着自己终于给了孩子一个愉快的童年，真是感觉幸福。

到了要上幼儿园的年纪，选幼儿园也苦恼了很久。家庭式的蒙氏园吧，心里没底还是不敢送去，公立传统园负面评价又太多，特别是当时预约参观的一家公立园连园长的面都没见到，门卫也不让我多做停留，所以印象不太好。最后选了一家口碑不错的私立幼儿园，考察下来也很满意，最后挑老师、挑班级，自己做好了万全的准备等待开学。

第一个星期我全程陪伴女儿适应幼儿园。女儿还算好，不是哭闹最厉害的那个，虽然整整有三个多月时间半夜总哭闹。女儿性格内向，再加上以前和同龄小朋友接触少，很是慢热。所以一开学我就跟班主任老师说，不用要求她太多，慢慢来。

接近学期末，女儿喜欢上了班里的一位老师，也喜欢上了几个小朋友，在家也愿意说幼儿园的事情了。我心里窃喜，觉得终于可以松一口气了，以后就可以慢慢过上好日

子了。

假期里听说女儿喜欢的老师调到别的班当班主任了，我第一反应是找园长要求留下老师，但想想老师的发展和前途，又想反正是在一个幼儿园，开始肯定是有不适应，但是也不会太严重。

开学了，老师换了，女儿喜欢的几个小朋友也因为种种原因转园或休学了。顿时，女儿的状态变得很不好了，又不太愿意说幼儿园的事情了。一段时间以后，我有点发愁，决定先从小朋友身上下手，就约了一群愿意带孩子一起玩的家长，几乎每个周末都泡在一起吃喝玩乐。别说，效果很明显，女儿开朗了很多，又开始愿意说幼儿园的事情了。

女儿第一年的表现我觉得还行，没有抗拒去幼儿园，只是相当游离。老师每次说起都小心翼翼地说："我们都是在通过小朋友来邀请她参加活动，不会勉强她参加。"可惜我这人头脑简单，没听出老师婉转的表达，没理解到背后的含义，没意识到问题的严重性。（这里面的问题是我最近才想明白的，后面会慢慢解释。先把过程说一下。）

我心里想，我的孩子注意力还在周边的事物上面，她的专注力和观察力也是很强的，她很敏感、很谨慎，所以适应会比较慢一点。我有耐心，要让孩子按照自己的节奏来发展。

学期末家长会，园方说老师下学期有调整（原来小班4个老师，中班变成3个），因为我们班孩子年龄偏小，所以还是4个老师，换一个新老师来。

孩子爸不愿意了，坚持要转园。后来又听说现在班里的另一个老师怀孕了，也就是女儿现在特别依附的老师，我当时脑子里真的是"嗡"的一声响了一下。心里想：有没有这么倒霉啊，女儿喜欢哪个老师哪个老师待不长。于是，孩子爸联系好了一家公立幼儿园（也就是大家觉得最传统的幼儿园了），开学后就转学了。

我怀着忐忑不安的心情等待孩子转园的第一天。说实话，我当时心里是相当相当担心的，孩子游离惯了，这一下去传统幼儿园，规矩多、纪律严，要是再哭上个3个月怎么办啊。可是，事到如今，也没办法了，孩子爸爸安慰我说："要相信我们的孩子嘛。"（言下之意也是要相信他，相信他的判断、相信他的决定。）

没想到，女儿除了早上离园有点哭闹，其他时候都很好，老师说家长走了就没哭了，一直很开心。第一次听老师这么说，我有点发懵，心想大概是老师在安慰我，怎么可能不哭呢？

还真奇怪，怎么和预想的完全不一样呢？转念一想，大概是还新鲜，估计新鲜劲一过就要开始闹了。绷着劲、陪着小心、察言观色、紧密和老师联系，就等着爆发的这一天。等啊等，半个月过去了，女儿越来越开心、状态越来越好。我和她爸感觉女儿就像换了个人似的，从来没有这么开朗活泼过。

女儿的状态是好了，我和她爸就惨了，被老师投诉多次：

"做事太磨蹭，吃饭最慢，午睡起床要发5分钟呆，然后才慢慢叠被子，一张毛巾被能叠上 10 分钟。"

"运动能力差，动作协调性差。"

"让她做她不愿意的事情，脾气非常大，今天上课时间她不肯上课要到教室外面，我不让她出去，她大发脾气，在全班小朋友面前踢我、打我。"

"与人交往能力非常弱，性格非常内向，已经有点封闭自己了。"

……

天啊，这怎么不是我所认识、理解的那个女儿呢？

先不说女儿在幼儿园里的情况，先说说自己听到这些投诉的反应。

要是在以前的幼儿园我哪听得了这些话？明明是你们老师不尊重孩子成长发育的规律，每个孩子都是不一样的嘛，我女儿遗传了她爸的特点，运动发育的时间比较晚，怎么能一条线画齐呢？要因材施教嘛。

在以前的幼儿园我可是做足了功课，还没开学就先和班主任搭上线了。先把女儿的情况详细介绍一下，反复强调老师："不要着急，一开始会有些游离，等她有兴趣了就会加入进来的。我发现女儿的成长都是飞跃式的，在她观察很久，她自己感觉有把握以后，一下就会了。"班主任无语地看着我兴高采烈、滔滔不绝地讲个不停，最后很无奈地说："放心，我们会尊重她的特点的。"

后来有几次老师比较含蓄的给我指出了女儿游离的情况，我都没在意，一直说：没关系，慢慢来。

我当时心里很得意，觉得自己尊重了女儿的意愿和特性。现在我才明白我是多么无视老师的专业眼光和专业指导。就是在我这个"好妈妈"的干涉下，老师畏首畏脚，有问题不好说，有招没法使。

去这个幼儿园之前，一位家长就告诉我："你一定要让老师严格要求孩子，我们当时就是心疼孩子就要求老师多照顾。现在上小学了，发现很多习惯没培养好，对现在的学习很有影响。"

唉，本来就担心太严格，还要再严格，这要搞到厌学怎么办？转念一想，估计这就像武侠小说里道上的行话一样，说了就接上头了，表示咱们是一条道上的啦。现在既然要来上学了，那不按人家的规矩是不行了，我是不想总折腾换幼儿园，就这么着吧，先表表忠心，真是把孩子逼太恨，再提意见嘛。

所以，开学第一天我就一脸严肃、大义凛然地分别对班里三位老师说："女儿从小老人带，很多习惯没培养好。老师，您一定严格要求，有什么要家长配合的，您尽管说，我们一定配合。"老师看我的眼神有点惊讶，估计这么说的家长不多。

在原来的幼儿园，我没意识到和老师多沟通的重要性。心里想孩子的路让她自己走吧，我也不可能给她把所有的老师搞定。让她学会和老师相处，如果老师不喜欢她就当是挫折教育。人就是这么有意思的动物，只要给自己找到了一个理论依据、一个解释就能心安理得了。我这个自我感觉超级良好的妈妈就在第一学年坚持不懈地努力做着错误的事情，确把真正该做的事情扔一边去了。所以，才会有前面老师的那么多投诉。我和孩子爸爸也都挺不好意思，两人在家嘀咕："现在班里女儿年纪偏小，以前又比较自由，我们自己不要对女儿太严，还是给她点时间。"所以刚开始也不是太配合老师，提醒多，要求做到少。

　　最后这种态度是怎么转变的呢，是因为一件事。女儿第一天从幼儿园回来就愁眉苦脸地告诉我："妈妈，老师说要练双手拍球，可是我不会呀。"

　　"哦，双手拍球？怎么拍啊，妈妈也不会。"

　　"就是两只手轮流拍。"

　　我拿了个球，左手拍两下、右手排两下，问："这样拍？"

　　"不对，是一只手一下轮流拍。"

　　哦，这下我明白了，拍了几下："这样对了吗？"

　　"唉，妈妈现在你已经会了，可是我还是不会啊。"女儿更发愁了。

　　"没关系，每个人一开始都不会，多练习就会了。"

　　"可是班里的小朋友都会了啊。"

　　"嗯，你只要练习也能学会的。"

　　第二天一早送孩子去幼儿园，赶紧把女儿昨晚说的话告诉老师。老师说："哦，是的。我们去年小班先练过一年单手拍球。这学期是练双手拍球，在假期里，很多小朋友在家里就已经练过了。你女儿很要强啊，我们会鼓励她的。"原来别的小朋友都是熟手了，怪不得女儿这么沮丧，就从来没拍过一下球，更别说一下要练双手拍球了。老师郑天专门在班里表扬了女儿说："×××小朋友虽然从来没有练过拍球，可是她很努力，决心要把双手拍球练好。"

　　之后老师专门交代我们除了在学校的练习之外，回家也要练习。我满口答应了。开始几天吃完饭，带着女儿下楼练球，女儿哼哼唧唧、扭扭捏捏就是不肯练，一会儿抛球、一会儿滚球，硬是不肯拍。我一说妈妈教你，女儿就一下子扑到我身上，哭喊着："我不要你教，我自己练。"女儿自尊心特别强，不会的事情就坚决不肯做，觉得没面子。我一想咱从来没练过，怎么和别人比，再说了遗传因素也很重要啊，每个孩子是不一样的，这么下去搞到没兴趣了更练不了了。所以就告诉老师，女儿在家不肯练，我也不敢逼她了，怕把兴趣彻底弄没了，到时候坚决不拍就麻烦了。老师当时也没说什么，就让我们想办法还是要让孩子练习。后来我就拉着女儿的手带着练。不过也是三天打鱼两天晒网。

　　一晃到了10月中旬，女儿还是一点不会。一天，我和她爸爸、老师在一起说到这件事。老师说："班里每个小朋友都在练习，很多小朋友每天都要练半小呢。"爸爸说："我始终觉得每个孩子的特点是不一样的，遗传因素很重要。女儿很多地方都很像我，我小时候大动作也不行，不如别的孩子。后来到初中，一下子就比班里的同学强了。"老师说："我们小时候和现在不一样了。以前我们哪有这个条件，以前的父母哪有这么多知识。现在要靠等要等到什么时候。她能练出来的，要让她练习。运动能力弱会影响她将来的自信心。"

虽然没觉得有这么严重，但我答应老师，一定在家好好练。刚好一起转学的一位妈妈传授了我一些练球的经验，她女儿也没学过拍球，不过她有三个孩子，老大也是这所幼儿园毕业的，现在上小学了。所以这位妈妈比我有经验。她告诉我："一开始孩子肯定不愿意，一定要让她坚持。你不要带她练，让她自己找感觉。告诉她就像要让手把球吸住一样。"

这时候老师又下最后通牒了：双手拍球是要考试，要算合格率的。我一打听，原来这还是老师的一项考核指标，这下我真不好意思了。我不在乎女儿能拍多好，是不是班里最差的，可是要是拖了老师和班级的后腿就太不好了。

这下真是要打起十二分的精神练球了。我先告诉女儿，如果考试的时候她不会拍球，老师是会被批评的。女儿很喜欢老师，这下也同意和我一起去练习了，有小朋友想玩她的球，她急得大喊："我要练球，不然我老师会被批评的。"

主观上我们娘俩是一致认真对待了，可真练起来也不是那么容易的。这次我很严肃地要求女儿要坚持，同时不停地鼓励她。刚开始，她一听我严肃地声音就大哭："妈妈，你不要这么说话，这种声音太难听了。"我下了狠心，不为所动，同时只要女儿有一点点进步就马上鼓励她。也就坚持了一周，女儿就会拍了，能连续拍5个。爸爸说只要会了，很快就能越拍越多了。女儿能拍5个那天全家人都拼命的表扬她、鼓励她，女儿也笑得很开心。

当女儿突然发现自己能拍球了以后，信心大增，在学校练完以后回家很高兴地告诉我："我要拍到100个，我要超过×××，我最喜欢拍球和上课了。"现在不用我说，自己回家就会练习了。虽然还是拍得最少的那一个，但是已经完全能合格了。本来以为像移山一样难的事情，还真就这么做到了。

当我看到女儿因为克服了困难产生的那种喜悦，那种由内心放出来的光芒，那种和以前的快乐完全不一样的快乐。我被深深震撼，彻底开始反省和思考了。

如果我没有按照老师的要求来练习，而是再一次地保护了女儿，去和老师对抗，将来女儿碰到所有的事情都会逃向妈妈的怀抱。她人生的态度就将是事事逃避，以前的幼儿园就是我给她创造了一个逃避的天堂，所有她不想做、不会做、不敢做、想做又不敢做的事情都可以用游离来逃避。而这种逃避和不尝试只会让孩子越来越没有自信心，越没有自信心就越要逃避，就成了恶性循环。这么说并不是女儿没有优点，女儿的优点也很明显：逻辑思维很强、观察力很强、专注力强、非常上进、小动作也发展得很不错，在班里拼图很快，认识很多字（虽然我们从来没教过）。用老师的话说就是："你们不用操心她的学习，将来成绩一定很好。现在重要的是培养习惯和运动能力。"

当女儿学会了拍球以后，再碰到什么女儿不会的事情，我就会说："你不是在这么短的时间里就学会双手拍球了吗，别人练了这么久，你才练了两个月呢！"女儿就开心地大笑说："哈哈，是啊。"这么一件看似不起眼的小事情，带给女儿的确是自信心的建立和对自身能力的认同。

我又想到了很多的事情，想到了我让孩子一次次地决定自己的很多事情。很多时候女儿都会回答我："妈妈，我不喜欢。"OK，我尊重你，我尊重你的特性、尊重你的内心，我不会把我的要求加在你的身上，我不会把我的期望加在你的身上。现在我才明白，很多时候女儿固执地说"不"是因为她在逃避，她缺乏自信。她幼小的内心还担负不起决定权，很多时候她很迷茫、很困惑、没有方向。因为没有人给她一个指引，她不知道该怎么办，她的内心其实无法告诉她方向，只是靠着本能的天性来解决一切的问题。

对于拍球这件事情，要先说运动标准的问题。女儿在班里年龄偏小，但本身已经达到了中班小朋友的年龄。这个运动标准，是中班年龄孩子能达到和应该达到的标准，是一个有科学依据的标准，事实证明女儿确实也达到了，即使是最后一名但也合格了。当然每个孩子的发展是不一样的，那是不是就因为有不一样就可以不做本来每个孩子都应该去做的事情呢？是不是每个孩子都只做自己擅长的事情就可以了呢？是不是就可以等了呢？

接着还要说一说练球的过程。首先，为什么要对女儿说："如果你不会拍球，老师会被批评的。"因为这件事情已经不是女儿个人想不想拍球、喜不喜欢的事情，这不是兴趣课。她的行为已经影响到了别人，影响到了整个班级。需不需要让孩子学会考虑别人的感受？需不需要培养孩子的集体荣誉感？如果一个孩子从小就只考虑自己的感受、不考虑别人的感受，凡事都是以我喜欢和不喜欢来做为衡量标准，长大了怎么和别人团结协作呢？

其次，当女儿说："我不想练，我不喜欢。"我告诉她："全班的小朋友都要练习，这是你必须做的事情。"人生有很多事情都是你不想做但是必须去做的。从小就接受了这个现实，长大了是不是会更容易适应社会呢？但是这里有一点是很重要的，这确实是全班小朋友都要做的，女儿知道、看到小朋友的练习和成绩。知道这不是我胡编乱造的话，也不是我个人的要求。

然后，当女儿说："可是我不会呀。"我告诉她："只要通过努力，你就一定能学会。每个人都是通过练习才学会的。""每个人吗？妈妈你也是吗？爸爸也是吗？""是啊，妈妈、爸爸都是从小练习才学会拍球的。"不会不要紧，重要的是态度和决心，有没有克服困难的勇气。这难道不是我们所希望孩子具备的品质吗？这难道不是她将来生存立足的根本吗？我非常痛心的是，这些最最重要的东西，差点在我片面的"尊重"和"自由"中被丧失了。

女儿最终得到的最大快乐就在于她发现自己能够克服困难，能够战胜自己，原来很多事情自己是可以做到的。这让她找到了自信，这种自信不是靠我的鼓励建立的空洞、盲目自信。而是真真切切通过自己的努力，通过实践得来的。所以女儿才会回家放出豪言壮语："我要拍100个，我要超过×××。"因为她真的相信自己可以做到。

重要的不是通过了考试、不是能拍第一，重要的是这其中的过程、体现的意义。同样重要的是家长的态度，我坚持了女儿就坚持了，我放弃了女儿就放弃了，我抱怨了女儿就抱怨了。如果女儿不会，她会觉得自己不擅长这个，如果妈妈再告诉她："没关系，等你大了就会了。"那对孩子的心理暗示就是：我不会的东西不用学，等我大了自然就会了。那她的人生态度就会是：等待，等待水到渠成的时候。

在练习的过程中我始终是用这些话要求和鼓励着孩子，没有说过："你看看×××能拍多少个啊！你怎么这么笨啊！我看你没这个天赋！"（这是坚决要杜绝的。）说到这里又要检讨一下，女儿学会以后又没有那么督促她了，虽然她自己会练，但没做到天天练习。如果能做到天天练习，让孩子学习到的又将是持之以恒、坚持不懈。

以上就是在这一件拍球的小事情上让我震撼的反思。正是我片面的"自由"和"尊重"让孩子怀疑和不相信自己，而我的"掌控"和"逼迫"却让孩子找到了真正的自信。

这种"逼迫"叫要求，所以对孩子是要有要求的，有非常广泛的要求。这种"掌控"叫指引方向，不要说这么小的孩子，即使是到了青春期也是需要家长把把关的。

我的震撼不是因为孩子学会了拍球，不是在她学会以后告诉她："你是最棒的。"而是告诉她："只要努力就一定可以。"这是一种人生的态度，是一种信念。

为什么我给孩子一个这么自由的环境孩子并没有真正的快乐，而在一个要求、规矩众多的幼儿园女儿却那么快乐？快乐最根本的来源是什么？凡事都是过犹不及。自由呢？尊重呢？

尊重自身规律，自由成长。不是放任不管、不引导、不培养。

尊重，不是简单的形式上的尊重（这很容易做到），而是真正从内心从思想上的尊重，是你真的把他/她看成了一个独立的个体（就连我们父母又有多少人能做到呢？）。我感觉很多时候我们把幼儿园里的尊重和要求混为一谈了，尊重孩子不是对孩子没有要求，不是事事按照孩子的意愿就是尊重，不是孩子开心了就是最大的尊重。尊重是在让孩子达到要求的过程中，老师能根据孩子的特点选择适合的方式，能给孩子达到要求的时间，能接受孩子在这一过程中所出现的种种状况。

真正的快乐不是万事如意、天天开心。

真正的自由也不是随心所欲，没有压力。

第四章
幼儿园老师真不容易

一、为什么中国幼儿园教育质量全球排名 41

2012 年一个国际权威组织做了一个全球幼儿园教育质量调查，在 45 个调查国家里，中国排名 41。比中国还差的是越南、印度、菲律宾和印度尼西亚。中国得分是 27.8，而最高分的挪威是 93.5。调查成员包括来自全球的一百多名专家，里面有哈佛大学和国内的教授。

我希望父母能够理解，中国幼儿园的落后罪不在教师。他们只是体制的替罪羊。在过去二十多年，我亲眼目睹多少幼师为孩子的教育付出汗水、泪水，甚至自己的孩子都没有时间教育。但又有多少幼师的教学激情、做人的激情被体制磨灭，多少幼师的青春被虚耗。我想告诉社会："请对幼儿园教师公平些！"造成今天我国幼儿园教育浮夸、落后的原因有很多。

（一）与社会脱节的幼儿师范教育

有人说读幼儿师范的都是读书不成的人，这句话是偏见加无知。我见过很多高材生因为理想选择了幼师这个专业，而且，在我国单一考核的教育制度，读书不成的不见得就是无用的人，读书成的也可能是"高分低能"。

不管是什么原因，选择了幼儿师范也是想学到一技之长，可惜我国大部分幼儿师范学校课程落后，虚耗几年青春，所学的与现在幼儿教育需要的严重脱节。只侧重于个人技能技巧，对实际工作需要的教育教学技能技巧是一片空白，结果到幼儿园后前面几年都不能好好上岗。更大问题是没有专业正规的在职培训，是否学到真的专业要看运气——碰到好师傅（主班教师）的运气。

（二）外行管内行的领导

全世界的学术界已经有大量的实验数据说明，学前教育对一个人的影响是终身的，但是我国许多领导没有充分重视幼儿教育的专业性和重要性，没有做好幼儿教育的管理，许多大城市就只有一个、甚至半个人管理幼儿教育，造成了管理上的许多漏洞。例如单一的、落后的教师职称评价标准，造成了类似某著名幼儿园集团从湖北弄些大专学位来深圳卖的现象，虽然电视台揭露了也没人去管；不合格的外教到中国乱教，破坏了整体性的课程结构，很多人都知道，就是没人去管理。

但是，领导的会议却一大堆，不管是否重要，幼儿园的园长就要把手上的工作放下，立即去开会。更糟糕的是幼儿园上面的领导一大堆，今天这个会，明天那个会，我就没见过有哪一个园长可以有一周好好专心园务工作的。

（三）某些政府过于看重只想经济的短期效益，轻视人才投资的长远效益

某些地方的政府认为公办园教师工资过高，千方百计要把公办园转企，社会上亦有许多声音说公办园教师不值这个工资。我同意部分资深教师的价值是可以以更低廉工资的幼师取代，但这是契约的问题。十多年前，幼师和政府签订契约，把青春投资在这个契约上，然后十多年后，政府说你没有价值了。要是十多年前，她把青春投资在任何一个飞跃的行业，可能得到的远不止于此，这是契约的问题，不是可取代的问题。

至于如何体现那些资深又真有能力幼师的价值，促使幼师有一个努力的方向，则不是幼师的责任。其实这个问题在所有行业都存在，关键是社会对这个行业的重视性，医生一样有高手低手之分，只是体制上能体现资深医生的价值，体制上未能体现有能力的资深幼师的价值。这是需要有关部门思考和解决的问题。

（四）农民观念的园长体制

现在的体制对园长要求有些过分，园长要懂装修、工程监督、采购（幼儿园采购相当复杂，就是一个厨房采购已经有许多学问）、档案管理等。幼儿园没有资源请专职，所以只能园长自己做，但是什么都要管便什么都不专。正如邓小平所说："好的制度，坏人也要做好事。坏的制度，好人也做坏事。"

在分工明细的现代社会，这种农民观念的园长制度大量浪费资源，把好人变坏。坐在这个位置，原来充满抱负的幼师，也会变成一言堂。一切看上面，上面评价决定了一切，然后狠狠地评下面，谁乖便表扬谁。然后退休后又不舍得放弃这种指手划脚的感觉，于是许多地方都有一批专业不到位，但地位崇高的退休老园长，她们到幼儿园最喜欢评价，往往一句话便决定了幼师的生死。这种不是用专业判断，而只是揣摩上面的想法的评价制度，是我国几千年的宿命，需要大力整改。

（五）幼儿园教育的专业不过硬

幼儿园教育不等同幼儿教育，我国的幼儿教育研究已达到国际先进水平，但是在应用层面——幼儿园教育，则比许多发展中国家还不如，幼儿园充满了浮夸的硬件，还有

那些不断转变，要追上潮流的"课程"，可惜包装在这些硬件里面的是每况越下的幼儿教育。

园长或老板会投资大量资金在硬件上，但是投资在教育上的却较少。然而，对孩子有价值的可不是硬件，教师的专业水平才是最重要的。

（六）家长要学好专业，以市场力量捍卫孩子的权益

三十个孩子，三十种需要；三十个家长，三十种要求。家长有要求超前学习的，天天问孩子学了什么；有盲目追求外国的教育观念，过度崇拜自由自主的，老师稍稍指挥一下孩子便说限制孩子发展；有过度保护的，孩子一点点小事便兴师问罪。还有种种要求，试问要面对三十多个孩子、家长的教师又能满足谁？

作为家长，为了孩子便要学习成为精明的消费者，学好正确的幼儿教育观念，不要偏激，要全面、要客观，学会向园长提清楚到位的要求，告诉园长你们的孩子要什么样的教育。家长跟老师说是没什么效果的，因为园长才是决策者。为了孩子，家长要重新燃点学习的激情。

作为幼师要紧守岗位，学好专业，在有限空间尽量做好工作，不断燃点孩子的探索激情，把揣摩领导想法的宿命在这一代终结。这不单是为了孩子，更为了自己的前途，磨好剑，终会有一天能用武。

80、90后父母要面对的是入园难，入放心可靠的园更难。所以尽量支持和信任老师，联手为孩子打造优质成长环境！

二、理想的幼儿园应该是这样的

选择幼儿园的关键要素

1. 办园机构或个人重视自身名誉；
2. 幼儿园行政不浮夸，能踏实干活；
3. 老师的言行举止体现基本素质；
4. 幼儿园玩具数量和款式充足；
5. 优质软件——大自然的绿化、沙水；
6. 优质软件——生活规律的细节，孩子动手操作比例，知识是孩子自身发现。

（一）老师的言行举止是体现课程最重要的元素之一

我想通过对比我设计的幼儿园个性化生态课程和传统课程让大家更了解幼儿园情况。首先必须理解什么是课程。我估计 99% 的家长一听到课程，首先想到的是，你幼儿园用的什么教材？给小孩用什么材料？上的什么课？或者，有的家长会问，有没有蒙氏？他们以为蒙氏就是课程。

我们中国家长对课程的认识不多，见到一点点东西就觉得这个就是所有。中国家长现在的阶段是在盲人摸象。摸了一点点，以为课程就是这个。所以现在有很多课程说明会，其实只是教材说明会，说明幼儿园用的是什么教材，上的什么课。课就是课程吗？我们探讨一下，为什么幼儿教育没有纳入小学教育？为什么不把幼儿教育变成小学的教育？为什么我们没有说从三岁开始就是小学，三岁就是一年级，为什么是这样？三岁到六岁要特别定义为"幼儿教育"，为什么？

所以不要认为幼儿教育就是小学教育，需要一堂堂课去上。要是这样的话，我们干脆就不要幼儿园了，就把这个叫做"低小"或"小学"，每天上课，从 9 点开始，一堂一堂课地上。为什么我们不这样做？

因为幼儿教育有一个核心价值，它跟小学完全不一样。一个三到五岁的孩子跟一个小学生的理解能力完全是两码事。我们必须抓住幼儿阶段不可取代的独特价值，才不会浪费我们孩子的童年。

每一个孩子都是一个天使，这句话我越老越同意。我在这个行业做了 20 多年，今年 50 岁。我在跑遍这个世界以后，发现最开心的是跟小孩相处。当你面对那些孩子，你就发现你身上完全没有压力。不像在做生意，跟旁边人怎么样，跟孩子在一起，完全是可以身心放松。孩子带给你的开心，带给你精神状态的提升，是在这个世界上没有其他任何东西可以相比的。

所以，我一直认为大人一定要对得起孩子，要让孩子有一个真正的童年，同时父母必须记住，教育必须本土化。没有教育是能够脱离周边环境的，必须考虑孩子身处的社会会带给孩子什么，幼儿园的任务就是做出对大环境的平衡。

我的教育理念是建立在《易经》的整体性平衡之上。整体性平衡，很简单，就是考虑到方方面面的平衡。就好像现在很多幼儿园都说，很多家长都在问，有没有蒙氏呀？蒙氏很好，理念很好，蒙氏它本身教学方法好，教学策略好。不过问题是，我们有没有可能把蒙氏完全从外国移植到中国？不可能。蒙氏在外国是一个小小的空间，就像这个教室，叫做"儿童之家"。我们中国的幼儿教育是一个大城堡。教育，就是要靠我们吸收它的理念，吸收它的精神，吸收它的经验。现代很多的教育诞生在 100 年前，绝大部分现代教育都已经结合了蒙氏理念，结合了蒙氏精神。只是中国人接触得太少了，所以很多幼儿园这个学期用蒙氏课程，下个学期用华德福课程，仅限于做一些形式化的表面文章。

我相信"真实的教育"，给孩子的东西必须是不能偏离他现在以及未来身处的主流社会的实际。需要强调的是孩子的幼儿阶段跟其他年龄段很不一样。有一个特点是，他不会选择什么该学不该学，只要放在他面前的就学。怎么理解？今天老师给配班老师讲："唉，真倒霉！今天又下大雨了。"明天教师回到班里又讲："唉，真倒霉！那个公交车又坏了。"第三天又讲："真倒霉，今天又下大雨了"。以后这些孩子习惯讲的第一句话是什么？"真倒霉！"这个才是影响孩子一生的教育，这个才是教育！孩子一生的价值观，对人对事的态度，追求什么？就是这样形成的。

孩子回到班里面坐下来，老师跟旁边的保育老师讲："哎呀，早知道就买这个股票了，买了我们就发财了。"明天又说："早知道买这个彩票了，差点这个号我又中了。"这些孩子天天听这些，以后会觉得什么最大？钱最大，整天就想钱，是不是这样？

这些才是幼儿教育最重要的地方。它决定了人生的一个方向，人生的态度，人生的价值观。这种价值观念建立后是很难改的。我们所有人都受了自己童年的影响。例如，早婚早恋的，一定家里面缺少爱，所以想着赶快出去找人嫁掉算了，因为家里面没有爱。又比如，一个自我中心、不喜欢别人的人，可能是童年受委屈比较多。

所以，家庭、幼儿园决定了小孩的人生价值观，对人的态度，处理事情的意识。这些才是幼儿教育的核心价值。因此，在幼儿教育里面，至少在五岁以前，那一堂堂的果有什么样的意义呢？教育部的课程大纲其实很好的，对教育的指引，都是很专业的。不过很可惜，底下幼儿园没办法落实。

我们说，幼儿园不能小学化。但实际上幼儿园小学化的问题很严重！就是9点上第一堂课，幼儿园叫活动，其实就是上课，9点半上第二堂课，等到下午又上一堂课！

小孩学东西是围绕一件事情吸收经验，并非分科理解知识，在这半小时老师上的课，一个四岁的孩子，对这些二手知识，能接受多少呢？别说孩子，就算是大人，我今天教你们学武功，教你们怎么做到武林高手。《叶问》看了吧？那今天我教你们"力量就是松紧变化之间"，这几个字你们都懂吧，"松和紧的变化"，这几个字你们都懂，但你们能理解吗？不能够理解吧。我用了40年的时间才理解这句话。

所以，老师不应该只教二手知识，而应该为孩子提供有价值的一手经验。简单讲，就是做中学，玩中学，动手做。

（二）大自然的绿化、沙水就是高大上的硬件

我认为最主要的课程，不是孩子通过二手知识学习的教材，课程几乎可以说完全和上课没关系，最主要的课程元素应该是孩子来到幼儿园这个大环境，在这个大环境里得到熏陶。这个熏陶从哪里来？我来举个简单的例子。

我设计的幼儿园户外的绿化比例超过90%，这些绿化，草坪、树木，都是我坚持的。这个在很多幼儿园都没有。为什么我要这样？一块人工地板胶和一块草地对小孩有没有区别？哪一个的信息量大？当然是大自然。在信息量大的环境才可以促进孩子自主

探究。草地有没有生命？有生命！一个小草有生命，一个草地里有泥巴，我们挖泥巴。小孩在草地里面，促进了他的探究。他找到活的东西，会在草地里面找东西，也就是促进了他的主动学习。以后就有学习的基石。但是如果只是一块硬地板，小孩看到的都是一样，还找不找啊？就不找了。一块草地，是有生命的，一棵树，也是有生命的。我会对小孩说：宝贝，你要学会爱护这棵树啊！这棵树是有生命的。他从小就会尊重生命，爱护生命。我很难跟小朋友说，要照顾一块地板，一块地板是死的，小孩对照顾地板没有感受。所以我坚持在很困难的情况下还是应该种草虽然种草很困难。铺地板很简单，一二三就搞定，而草地需要长期维护、打理、浇水，维护成本非常高。

除了中国的幼儿园，我还帮美国、欧洲、北欧的幼儿园做指导。

记住，我们不要一听到"外国幼儿园"就以为都是一样的，全世界每个地方的课程都不一样的。比如，其中一个北欧丹麦的幼儿园。这个幼儿园就是生态课程的理念基础，记住是理念，不是模仿。理念是什么？就是实施的原则。这个幼儿园是我最喜欢的一个幼儿园。中国教孩子，花能不能摘？不能！

孩子不用思考，因为大人说不能摘，就不能摘。权威说了，你就听。中国教育出来的人，最大的问题是什么？就是没有独立思考能力。我为什么做这个工作？说实话，我现在挺好的，活得很自在。为什么我做这个工作？因为我爱国。我认为中国不强大，是我们中国的教育没做好。我们现在中国的硬件做上去了，软件没做好。软件最关键的是什么？人的素质。每一个人都应该有自己的想法，允许每一个人有自由思考的权利。所以，必须让我们的孩子，从小允许他有思考的空间，让他能够判断、思考，而不是盲目服从。光有这些还不够，在中国的社会里，必须是既有独立思考能力，还要有自我约束能力。你知道这个常规，那么你想东西会自由，而你的行为？要符合集体。这个就是我们的教育方向。

在丹麦教孩子是什么？我们教孩子：花可以摘，不过必须是你自己种的花。你自己种的花，你要摘来用，肯定是允许的。而在中国，包括蒙氏也好，都是"为孩子准备东西"。丹麦的理念是：孩子要什么，自己去搞定！所以，丹麦的孩子要花，做花环，做花束，那孩子就需要自己种花。种花有多难呢？种花是这样子的，孩子需要用大人用的铲车，把黑色的肥料都推过去施肥。为什么不给他们玩具呢？因为真实的世界就是这样子的。一个孩子做不了，三个孩子一起做，促进孩子自己解决问题。

我们的孩子，下雨了能不能出去？中国的幼儿园，下雨绝对不让孩子出去的。他们那边是这样：下雨了，宝贝，幼儿园的水沟堵住了，你们去修好它。孩子们立即穿上雨衣，拿着工具就去挖水沟。孩子开不开心？孩子能够有这样的任务，肯定开心，他就会觉得，我是个有用的人！

为什么富士康的人要跳楼自杀？为什么要自杀？因为觉得生命没价值。让孩子从小就觉得生命有价值，就要让孩子从小就觉得，他是个有用的人。从小就让他觉得"我可以，我有用，我生命有价值，我对社会有价值，我对集体有价值。社会没有我不行，这个集体没有我不行，我是个有用的人。"

所以，从小让孩子觉得"我是个有用的人，我可以，我会去解决问题，我可以为集体作出贡献"，这就是我们教育理念的核心。

他们教出的孩子基本上都是这样的，包括吃饭。大的孩子做饭，到点了就做饭，然后一起吃。这样教出的孩子跟中国有什么区别呢？我到这个幼儿园看到孩子，我要跟他握手。在我们中国，教大人跟孩子握手，是要蹲下来。但是当我要跟这个孩子握手的时候，我都还没蹲，他一下子就跳到椅子上面，"我不需要你来迁就我，我来征服你！"

这种教育带给我们一种思考，其实也是教育的本质——让孩子从小觉得自己是个有用的人，从小自己能做的事情自己做。我们什么都为孩子做，就不是教育了。孩子能做的尽量让孩子动手做，因为在做的过程中，孩子的心理和身体都得到提升。

幼儿园课程起码从建筑场地规划设计开始，整个环境就是我们打造课程的一个蓝本。例如这所丹麦幼儿园一样，它占地三千多平方，整个幼儿园没有一点人工的东西，草地、沙地，连木板都是纯天然的，清漆都是不允许的，因为他们那边对孩子的健康非常重视。这个幼儿园的整个绿化都是非常好而且非常漂亮，这就是我们追求的。

我们往这方面去努力，希望即使做不到一模一样，也要做到二十分。这是一个引领的方向，是我们幼儿园课程建立的其中的一个由来，当然不是唯一的。

（三）优质软件——生活流程的细节，孩子动手操作比例，知识是孩子自身发现

所以，我们讲到课程的时候。不要再想上什么课，用什么作业，对孩子影响最大的课程来自三部分。

1. 在生活中培养孩子的素质

这部分对年龄越低的孩子影响越大。因为年龄越低的孩子，他越不会选择什么该学、不该学，放在他眼前的他就自然地接受，潜移默化。所以这个时候最重要的是什么？身边给孩子的环境有没有经过净化，比如老师对孩子的态度。今天老师在骂这个孩子的时候，其他孩子学会的不是这个结果，他学会的是有什么事情就骂。

老师最重要的是什么？老师和妈妈不一样，妈妈是给孩子妈妈的爱，老师是给孩子有原则的爱。但是老师在处理原则的时候，态度一定要温和。要让孩子学会以温和的态度面对待这个世界，而孩子会模仿老师的方式。体现幼儿园课程，我认为第一个基本课程是老师的个人素质，老师的素质是课程建立的主要部分。所以我们在培训老师的过程中，比起老师的技能、技巧，我们更重视的是老师的本身。选择老师的时候，重视老师的来源，要看老师的性格。宁可这个老师长得不高、不漂亮，弹琴弹得不好，跳舞跳得不好，最需要的是他脾气好，有耐心，有耐性。

我们会测试老师的脾气，做人要平和，脾气不要暴躁，什么事都以平和心态去解决。人跟动物不一样，动物以冲动处理事情，人是以人性感情去处理事情。我们很多的老师不是在所谓的专业上去培训，更多是在做人方面的培训。

我设计的课程也是尽量直接、简单、实效。我所说的课程，不单是指幼儿园的课程，还包括幼儿园、家长、孩子、社会之间形成的大课程，包括引进家长助教。

大家必须同步，形成统一的教育观念。这种以家长助教为基础的家园共育，就叫作生活教育。生活包括幼儿园的生活，延伸到家庭生活。要体现生活课程的主要元素是人，这个人也包括了老师。共同学习，共同提高。

孩子带给父母的是一个再学习的机会，是人生一个真正学习的机会。我们小的时候，是家长逼着我们学习，老师逼着我们学习，工作以后是领导逼着我们学习。有了孩子以后，你就在想，我现在这种对人对事的态度，这种处事方法，我这种人生态度，能不能传承给我们的孩子？要是你觉得不够好，就要学习，要提高。记住，今天你说了：你再不吃饭我打死你！你的孩子这顿饭是吃了，不过更负面的问题是，他也学会了"打死你"。可能有一天他会跟你说：老爸，我要打死你！这样能怪谁？他就是跟你学的。所以我们要共同修炼，才能打造高素质的孩子。小班最重要的就是通过生活教育建立优秀的素质和品格。孩子的素质就是这样在生活中建立起来的。是没法通过念《弟子规》、《三字经》去学习的，那些东西孩子虽然会念，但会念不代表会做。口号谁不会说？但说了你真的会做吗？所以，真的让孩子变成优秀的人，才是幼儿教育的真谛。

2. 小孩这个阶段需要的课程是，打造他的能力

除了培养素质，发展小孩子的能力也是核心的教育目标之一。小孩子的学习能力每个阶段不一样。小孩子的学习能力一定不是六岁之前最强。很多人都说，小孩子学东西最快是婴幼儿阶段，六岁之前，要让他赶快学东西，要是错过了这个时期，就是输在起跑线。其实这些都是不对的。

孩子小学低年级的时候，抽象思维刚萌芽，能通过二手知识学东西，学习二手知识最快。而五岁之前更快的是在模仿中学习，通过看到（实际应该是感知觉）来模仿，在模仿中发展神经系统。小孩的身体的生理能力比大人强，他身体里的神经线数量比大人多。要是环境需要，神经线因得到磨练而保留，不需要的会自己退化掉。小孩模仿英语发音，很容易模仿，例如，发音 APPLE，他不用想，嘴巴就自然微调到 APPLE 出来，因为他口腔的神经线比我们大人多，会做微调。八岁之前需要讲什么语言，那些神经就会保留下来，八岁以前不需要用的，就退化。假如孩子在水里出生，这孩子出来就会游泳；要是这孩子是在高原出生，这孩子就不会有高原反应。因为出生就是这个环境，身体自然适应。

所以孩子出生以后的身体发展必须有序。我们结合了蒙氏其中的优点。蒙氏最大的优点是有序发展小孩的感官。让小孩经过体验后，信息量提高了。他眼睛看到的，你告诉他这叫苹果，他还通过触摸、闻等产生更多的信息，并保留了感官神经的能力。

蒙氏的道理跟我们练中国气功、学瑜伽是类似的，安静最重要。静下来，聆听自己的身体。真懂蒙氏的人，他就知道原来我们最重要的是慢、安静。小孩一坐下来，先围成一个圈，静下来，闭上眼睛，安静——才听到声音；安静——才能听到平时听不到的一些声音。学会聆听自己的身体，让小孩去掌控自己的身体，从小让孩子更好地运用自己的各种感官。

在感官发展的基础上，就可以开始各种能力的发展，比如语言发展，外语发展，数学发展……我们教小孩是教数学，我们叫"数学"，不叫"数量"，也不叫"计算"，数学是教人与宇宙之间的关系，那叫数学，从量开始。我们教孩子具有这样的能力。

其中，我们最关注的社会交往能力。为什么？因为中国社会和外国很不一样。比方说，如果你在美国开车，过马路时，远远有辆车开过来，这车一定会停下。在美国欧洲过马路，就算这条不是斑马线，只要有人一脚踩下去，一定是停下刹车。开车要插队，只要提早打灯，让他看到，大部分人都让你插队。在中国，你要过马路，就好像我有一次在马路上看到的，我晚上出去走走，一过马路，让我惊心动魄，那个人看到我要准备过马路，一加油，亮大灯，响喇叭——警告你别过来，我要冲过来啦。还有，在外国吃洋快餐，吃完是自己收拾。在中国吃完了垃圾就丢在桌面。

在很多地方，我们是社会先把孩子教坏了，才送来给幼儿园。在国外许多国家是让孩子先有基本社交素质了才交给幼儿园。所以你看到，外国人去哪里都先排队，小孩从出生开始去哪里都排队。等待，不争先恐后。三年下来，形成习惯，去了幼儿园，自然也守规矩。而在中国，我们去哪里都是争先恐后，结果小孩来到幼儿园都是：抢，争。

这样的情况下，绝不能完全按照外国的方式学蒙氏。因为外国的蒙氏面对的是高素质的社会环境，是教好的孩子放进来，而我们面对的是社会教坏放进来的孩子。

在中国，规矩很重要！不过很重要的关键点，我们教孩子遵守规矩，但是这个规矩不是要服从老师。这一个原则是父母和老师一定要共同理解的。我们不允许老师说"你乖，老师喜欢你。"如果有老师对孩子说，你要听我的，那我先给警告，再有一次立即炒掉。因为我不是要训练学生来服从老师，我们现在要的是学生服从集体、规矩。所以老师要跟小孩子说：宝贝，你要坐好啊，这是我们班的规矩，这个规矩不是我定的，不是你定的，而是为了整个班能安全、舒心、愉快。所以你必须要孩子知道，他不是服从于某一个人。我们一定要让孩子从小知道，我们是法治国家，我们必须要服从这个班的规矩，而不是让孩子服从某一个人。

在这里，老师不是一个绝对的权威，老师不能说，我要你们怎么样，要用"我们"，就是一起做，很简单。

我说，这简单其实可不容易。因为我们中国人早已习惯说"我"。我在美国就知道，我们随便一个中国人出去，不会输给任何一个老外，不管是学习也好，做什么也好，我们中国人不会输。但三个中国人和三个外国人在一起的时候，一定输，而且一定输得一塌糊涂。因为我们三个中国人一做什么项目，就各做各的，没有统筹，没有信任。老是觉得他做得不好，我肯定要干涉他。

我们让中国人变得强大，要改变几千年的意识，我们必须从小培养孩子的常规。培养常规，其实是建立孩子的高等素质，培养小孩对社会、对环境的理解。所以我们必须让孩子不是服从老师个人，必须让孩子知道，他是为了集体安全、舒适，所以要服从规矩。教孩子从小就建立集体意识，这是我们要做的。

以上讲的是生态课程中的社会交往能力背后的意义。培养能力就是锻炼。

所以在家里，从小让孩子做家务，从小让小孩动手做，是给孩子最好的礼物。比如让小孩叠被子，有没有对称？有没有大肌肉运动？有没有重量？有没有空间感？有。摆桌子，摆碗筷，怎么摆得对称？怎么摆得合理？菜放在哪一个位置才对？都要思考的。别小看这些。我们出去吃饭就知道，有一些餐厅的服务员，菜会摆得很科学，而有些人则随便放，你就能看出这个人素质怎么样，水平怎么样。观微知著，你就知道他能不能做大事。所以说，教育这方面，我们就是要孩子从小锻炼，除了做，还是做，给他动手的环境。在家里要动手去做，在幼儿园里面，也是大量地动手做。

3. 最后是学知识

我们一定要让孩子学知识，比如认字，学数学等。问题是怎么教。

如果是认字卡上的字就不对，因为对孩子来说字卡上的字枯燥的。我们做过很多年的实验，当这些字出现在图书里面、印在书上，就认不了；这个字缩小，这个字改变了字体，就认不了了，所以这样的认字是没有意义的。

我们主张在生活中认字，比如找字宝宝。我们在幼儿园里到处都有环境布置，小孩子到处找，找蔡伟忠的"伟"，好多"伟"，慢慢地也知道小朋友的名字，这样就知道字有意义了，有意义他就有兴趣。所以说，认字就要在生活中认。

数学也要在游戏中学，在生活中学。比如说，父母带孩子去吃麦当劳，先让他预算多少钱，然后让他自己点餐买单。这就是在生活中积累数学经验。

所以说学习，一定要从丰富认知的基础上建立知识。比如，一个老师教孩子认水果，这个叫苹果，apple，这个叫橙子，orange，这个叫什么，很多水果。另外一个老师，就拿苹果放在袋子里，叫孩子摸：摸表皮，跟皮肤有什么区分；捏一下它的形状，感受形状有什么不一样；最后是看颜色，让孩子分享看到红色以后，都想起了什么；然后拿一把刀，让孩子横切、竖切，看横切面；含在嘴里感受到味道。第一个老师教孩子多种水果，第二个老师教孩子一种水果的，哪个好？当然是第二个。因为孩子对苹果认知经验比第一个丰富，同时建立了更有效的学习能力，他以后再学新的水果的时候，就学会这个方法去分解物体。

所以幼儿园更多的是授之以渔，小孩掌握了变通能力，能为小学做准备。

三、新生上幼儿园的常见问题解析

（一）正确处理分离焦虑

提起孩子上幼儿园的分离焦虑症，一般只要孩子满三周岁，基本上不会太有分离焦虑，大多数是妈妈有这方面的问题。妈妈觉得孩子一离开身边，自己的价值就不存在了，妈妈必须让孩子们表现出我需要妈妈，然后妈妈才安心。

我们经常会看到孩子在妈妈面前哭：妈妈，我不想去幼儿园，妈妈，我要你。等妈妈一走，孩子玩得很开心，完全忘记了妈妈。等妈妈一来，孩子马上说，妈妈我好想你。孩子完全能预期到妈妈要什么。所以，我们要做分享焦虑的处理，更多不是对孩子，更多是对妈妈。只要妈妈的问题解决了，孩子很快就能适应。

第一，让小孩先喜欢上这个幼儿园。

家长一定不要跟孩子说：你再不乖就把你送到幼儿园！你再不乖，我就把蔡老师找来对付你！这样做，孩子就肯定不喜欢这个幼儿园了。家长要跟孩子这么说：幼儿园太好玩了，有很多的玩具，很多的小朋友一起玩等。

第二，老师跟家长的交接很重要。

家长千万不要跟孩子说：去到幼儿园要对老师有礼貌。一定要跟孩子讲：老师是妈妈的好朋友，他跟妈妈关系很好，妈妈不在的时候，看到老师就像看到妈妈一样，不要担心啊。这样孩子就知道，老师是妈妈的好朋友，是一个可信任的人。

孩子对身边的陌生人不适应是正常的，因为这是一种"保护自己"的本能。如果孩子没有这个本能，反而不正常。很多家长很骄傲地跟我说，蔡老师，我的孩子可有本事了，两岁就不怕生了。我说那可不是本事，那是危险。小鸡为什么老是要跟着母鸡？生命安全啊！所以小孩对陌生人有恐惧感，有畏惧感，是对的，是正常的。

所以家长不要一看到陌生人就让孩子有礼貌，你要叫叔叔啊，他是我们出国二十年的叔叔。你必须对他礼貌，过去抱一抱！这实际上是破坏了孩子的自然规律。一次、两次、三次以后，他就学会，原来陌生人抱一抱也无所谓。

吃饭也一样。我们想让小孩吃得饱饱的，想尽办法喂饭。但是饥饱是孩子的身体才能决定啊！现在不需要吃，家长不搞定他吃掉这碗饭就觉得不平衡，因为要体现父母的权威。这样一来孩子的自然规律就打破了，身体自然的系统就慢慢被破坏了。

人的身体其实是一个很精密的仪器。我们往往是先破坏了，到老了才开始学气功，又重新捡回来。所以从小让孩子学会适应大自然的规律，这也是生态课程的核心思想。

（二）建立孩子角色转换的能力

比如说，孩子在家里已经建立了很多不好的规矩，家里有老人，有保姆。家长都没有办法告诉爸妈该怎么教孩子，因为爸妈一定会说，你还不是我教出来的，这有什么！

所以，家长要告诉孩子，到幼儿园，你就是幼儿园的孩子，幼儿园的孩子是不一样的。家长不断跟孩子说，慢慢孩子就懂得转换角色。

人来到真实社会，需要不断地转换自己的角色。不管在单位是多高的领导，下班回到家里就是丈夫、爸爸、邻居等。

（三）让孩子期待去幼儿园

家长可以跟孩子说：快开学了，好开心哦！千万不能说：唉呀，就快走了，妈妈好舍不得你！我看到太多的年轻妈妈，不是孩子不舍得妈妈，而是妈妈舍不得孩子！

记住，一定要让孩子知道在幼儿园开心，在家里开心，两边得到的乐趣是不一样的。人（不是只是小孩子），要丰富生命，就要在不同的生命环境里面，有不同的体验。

（四）要有正能量

要让孩子对每一件事都有正能量。现实中的事物是没有好、坏之分的。每一件事，看到好坏，只是心里的意义。这个意义就决定我们看待人生的视角是正面还是负面的。

我们从小给孩子正能量，每一件事都尽量往好的地方去想，这样孩子就充满了正能量。

四、实习老师和家长助教角度看幼儿园

（一）蔡伟忠博士幼儿园见习总结（09 级见习生：张凌云）

在准备踏入幼儿园的时候，我心里有着这样那样的想法，在准备踏入幼儿园的时候，我觉得幼儿园的教育不过就是传统的老师对幼儿进行一些课外、课内书本的教学，传播一些二手知识。但是见习的经历最后证明，我全想错了。

刚来到这个班的第一天，见到的是一张张陌生却有着天使般笑容的孩子，这时我脑海里立刻浮现出了一句话：每个人笑的时候都是最美的。这是我最喜欢的一句话，而且我也一直坚持这样做。

我急切地想融入孩子的生活，但是也因为如此，我只能很快融入到个别孩子的内心。我主动陪他们玩积木，主动和他们交谈。如果是成人之间的交往，这样做就没问题，但是我面对的是幼儿，所以就不能太迫切，第一次见面不能太主动，不能有肢体上的接触……这些"不可以"、"不能"都是后来师傅慢慢教给我的。成人的交流方式并不适用于儿童，因为这一系列行为也许会使个别孩子内心感到恐惧。在师傅的指引下，我开始学会静下心来观察他们，不去干扰孩子的行动自由，让他们先发现我，产生好奇，然后主动和我交流，主动邀请我参与他们的活动，发现新鲜事主动告诉我。

我实习的这个班级很特别，是一个教育博士开设的广东省学前教育示范班，而他的教育理念和一般幼儿园（以及我在学校学到的东西）是截然不同的。我曾经认为教学就是孩子能够听得懂，能够跟随着老师的指令去活动。但是，这里的做法很新鲜，完全不是这样。

这个班的孩子刚好是中班，主要是以游戏和玩具对孩子进行教育，而其他幼儿园在这个阶段主要是用书本传授语数英之类的二手知识。当我第一眼看到这些玩具时，就特别想去玩，它们不但能轻而易举地激起孩子们的好奇心和求知的欲望，连我也不由得为之着迷。这里的老师告诉我，这些玩具在国内很少见，全部都是国外进口的。

让我最感兴趣的是一个叫仙人掌的拼图，当我和一个孩子玩这个拼图的时候，用的是师傅教给我的方法。整个过程分为三步，称为"三游教学法"。刚开始先让孩子自由地玩，目的是让孩子对这个东西产生兴趣，老师就在旁边观看，不说话，不影响孩子，除非他主动请求帮助，老师才帮助他。这一步称为"自由游戏"。在孩子大概熟悉了玩法之后，老师再出面引导孩子注意到他在自己玩的时候没有注意到的细节，如：可以给他一个固定的图片，示意孩子把图片放到操作板里。接下来请孩子对着图片，一块一块地放到相应的位置。这一过程称为"指导游戏"。在孩子进一步熟练操作以后，老师就把这些图片放在旁边，让孩子眼睛看着图片，再动手去寻找木板，放在拼图板上的正确位置，目标是培养孩子"空间转移"的能力。相对于之前的要求，这次增加了难度，所以这一过程又称为"解难游戏"。

总结下来，在引导孩子游戏时老师要注意，孩子在玩的过程中会集中注意力，当他投入其中时，老师就不要打扰他，只在旁边观察。如果发现他在操作过程中，有出现错误的和不会做的地方，就可以干预一下，如，过去握着他的手慢慢地旋转，通过动作给他一点提示，老师尽量少说话，多用肢体语言去跟孩子沟通。

通过这段时间的实习工作，我除了观察到老师们的教学以外，还感受到了这个班里的孩子的个性。以前幼儿园孩子们给我留下的印象都是很规矩的那种，现在我想想，可能是因为在传统的教学理念下，孩子们的能力以及内心的想法已经被压制，所以不能自由去探索，不能释放自我。但在这个班里我看到的情况是，老师不会去压制任何一个孩子的个性，在尊重个性的前提下，给孩子自由发展的空间。

例如，班里有一个孩子，皓皓，他个子比较高，聪明活泼，脑子也转得很快。但是他又很顽皮好动。因为他懂的比别的小朋友多，所以就有一种想在众人面前出头、急于表现自己的心态。他想让周围的人知道他、肯定他，并且能够听他的指令。有一次在区域活动的时候，果果没有遵守规则，在玩完后没有把玩具送回去，皓皓就对着果果大叫"果果你回来"，然后就直接去抓果果的衣服。这说明皓皓的规则意识特别强，但他采取的方式可能导致别的孩子不太舒服，这一点需要引导。班上老师看到这种情况，不是去批评皓皓，而是很有耐心地对他说："我们知道并且谢谢你懂得规则，也谢谢你提醒果果要遵守我们的规则，但是我觉得，如果你好好跟果果说我们这个时候该做什么，例如'你应该先把玩具送回家'，你这样表达的话，我们大家都很开心，我们这个集体也很开心，我们整个集体都会以你为荣。"老师的引导很到位。在这个班里，我很少听到"你"，一般都是"我们大家"，通过这样的语言引导，能帮助孩子建立集体荣誉感。

还有一次活动时要举手回答问题。皓皓举手了但是老师没有叫到他，他心里就有想法了，他会直接问老师"为什么没有选我"，并且有一些情绪。对于这些情况，老师也是很温柔地解释什么是规则，为什么要遵守规则。因为规则不是某个人定的，是集体制定的，对每个人都是公平的。我想，传统幼儿园里的孩子是不敢这样跟老师直接对话的吧。

我的实习时间较短，不可能把整个班上的全部做法都说出来，我的水平也有限，也无法完全领悟到这些做法背后的深层含义，不过我还是想把那些带给我最大冲击的例子讲出来，分享给读者。有一次，一个孩子 A 敲打碗筷，班里有些孩子就跟着学，然后又有孩子就会说"谁谁谁学 A 在敲碗"，在这种情况下，传统幼儿园的老师会怎样引导呢？会不会说：谁也不许敲碗！谁要是再敲碗的话，我就要……（惩罚孩子们）而这里的老师会说：如果你们学习 A 同学敲碗，你就会成为 A 同学，这样我们大家就会很伤心，因为你自己就不见了，而成为了第二个 A 同学。这样的引导，没有去评判孩子敲碗的对与错，而是教育孩子们认识到，每个人都是独一无二的，我们不需要盲目跟从别人，从而失去自我。我非常认同这种理念。

我在别的幼儿园经常看到，如果孩子做错事，老师就会大声地吼和骂，但是这里的老师确实是以一种平等的姿态跟孩子交流。比如有一个细节，老师们都会蹲下来和孩子在一个高度上进行交流，而不是站着，以一种高高在上的、命令式的口吻让孩子服从。这个细节给孩子一种"我和你是玩伴的感觉"，这样就能更容易亲近孩子的内心。还有一个细节，老师们一般要让孩子做什么事时，都是以"请你……"的方式开头，比如，请你把这个玩具送回我们的集体好吗？我们集体会感谢你。孩子听到以后，都很愿意去做。

值得一提的是，这个班级老师在奖励孩子方面的做法也有特点，就是不会在孩子帮忙或者做对了什么事情以后就马上给一个语言上的奖励，如"你真棒"。这里老师常说的话是"谢谢你"，或者"谢谢你帮助了我们集体"、"我们集体都很开心"等。我在想为什么要采用这样说法呢？是不是在传统的教学方法下，孩子一做什么事情老师就说"你真棒"，会使孩子对老师的表扬形成一种依赖？孩子会觉得我做了什么都需要老师说"我很棒"，那么孩子以后在做了对的事情而老师没有及时表扬他的情况下，内心会不会觉得失望或者怀疑自己做得不够好？另外，我觉得这个班上的做法还有一个教育效果，就是在不经意中也教会孩子一种跟别人相处的方法，因为在社会上如果别人帮助了他，孩子们要说"你真棒"就不太好，但是如果他很自然地说出"谢谢你帮助了我"，别人就会很舒服。看来学会感谢他人，对他人怀有感激之心，也是幼儿时期非常重要的一门功课。

都说老师是太阳底下最灿烂最阳光的职业，作为幼师应该身兼五个角色：教育者、观察者、爱护者、支持者和玩伴，这些也是父母应具备的。在示范班这个大集体里，我学到了很多知识，我认同这里的教学方式，也欣赏这种教学理念。在这种跳出传统思维的个性化教育课程里，我觉得我可以做很多有益的事情。我要学好这种教学理念，并且传承下去，也希望能改变家长的态度，使大家都能学会引导下一代的正确方法。

（二）我们和孩子一起上课，一起长大——记录助教三年的收获

随着儿子熙熙的呱呱落地，我们就注定要操心孩子的每一件事情，事无巨细地学习如何使他在健康的环境下长大，茁壮开心地成长。

机缘巧合的是，在熙熙3岁要上幼儿园的时候，我们很幸运地进入了蔡伟忠博士作为指导老师的"蔡伟忠指导班"。回顾这三年的指导班生活，感受最深的，不是孩子健康活泼的成长，而是我们父母的学习和成长过程。而在这个过程中，"助教制度"是一个功不可没的机制，这个制度使得家长在这三年中陪着孩子一起长大，一起学习，一起懂得团队的重要性，一起了解到孩子的真实世界。

助教，是让班上每个家庭每个月必须有一天参与到班上的日常教育，爸爸或者妈妈，选择一个参与到班上的教学，协助老师上课，陪孩子玩耍，给孩子们讲故事，成为班上的半个老师，也是班上的半个学生。让家长和老师之间通过孩子紧密联系起来，使指导班成为一个大家庭。

刚开始进班时，我们父母就像孩子一样，特别腼腆，还比不上我们的孩子。记得第一次入班，看到30个孩子天真烂漫的笑脸，真不知道要怎么办，就一直呆呆地站在旁边，就如同一个新的学生，不好意思融入集体，不知所措。我静静地看着老师给孩子们上课，给孩子们讲故事，老师也引导孩子们向我这个助教爸爸打招呼，让我稍微松了口气。随后的区域活动，孩子们也尝试接触我这个助教爸爸，性格开朗点的孩子直接走过来问我是谁的爸爸。在这样的接触后，我也开始去了解孩子们的世界，我从木讷地站在那回答孩子们的问题，也开始反问他们的名字，他们喜欢玩什么，居然第一天助教，就被孩子们缠着要讲故事。说实话，当我坐在一堆孩子中间，拿着一本故事书时，我还真是不好意思。从来没有这样给一群孩子讲故事，现在回想起来，都不知道是怎么度过那段时间的。只知道孩子们都静静地围在你身边，时而扑闪着大眼睛看看你，时而提出一两个小问题，等你讲解。我感觉就像进考场一样，浑身是汗，紧张得一点感情色彩也没有，好不容易熬到一个故事讲完，热情的孩子们一个接一个拿着不同的故事书让我给他们讲，当时我心里只喊救命。不过第一次助教，因为进班前和熙熙讲好的规则，要把爸爸当作老师一样，不可以粘着，因此熙熙表现挺好，不会粘着我，自己可以去和其他小朋友玩，不影响我助教，这倒是要谢谢他。伴随着内心盼望着时间快点过去的想法，第一次的助教就在彷徨和不知所措中安全度过，所收获的是孩子们纯真的笑脸、信任的眼光以及热情的拥抱。同时也收获了自己在班级上的第一节课，这节课让我感受到什么是助教，什么是童心，什么是无忧无虑。

此后每个月我都会进班助教一次，随着助教次数越来越多，我对班上孩子们的熟知程度也越来越深了。从腼腆进班，到进班主动和孩子们打招呼，主动陪他们玩游戏，从不认识班上的其他小朋友，到可以叫出每个小朋友的名字，从不知道进班做什么，到进班后能自觉的担当起助教的角色，一切都是那么自然。第一个学期的助教不知不觉就完成了，感觉自己和小朋友们的距离拉近了，童心大涨了。

然而让我真正领略到助教的意义，还是从第二学期开始，第一学期的进班助教只是一个初学阶段，第二学期开始，慢慢地体会到助教的意义。

随着助教次数的增加，我已经很熟知助教的职责所在。于是，在班上可以和任何小朋友热情地聊天，可以带领他们一起做游戏，可以给他们讲故事，可以在操场上和他们一起玩耍，俨然成为他们的一个老师，又或者说是他们的其中一员。然而助教的目的显然不止于陪同，而在于陪同的过程中，我们自己的成长，这种成长体现在对小朋友教育理念的成长，体现在对成长环境理解的成长。

举个简单的例子，有一次熙熙和其他小朋友闹矛盾了，两个小家伙在哭闹。如果是平时的我，可能直接把他们拉开，然后以质问的语气对待自己的孩子，会先假定过错在他身上。可是那天是在班级，我的助教身份提醒我不可以这样处理，而这时候老师的教育方式让我学到"先倾听，再判断"的处理方式。也就是必须站在中立的位置，先倾听发生什么事，听听从小朋友嘴巴里是怎么描述这场争议的，然后再做出谁对谁错的结论。此后凡是小朋友之间的矛盾，我都养成了一个习惯，先分别倾听，再好好和他们分析谁对谁错，并针对错误进行小尺度的惩罚。而所谓的惩罚，也只是通过设立一个惩罚区域，让小朋友单独待一会，让他认识到自己的错误，而不是责骂和批评。这种教育方式我也直接搬回家里使用，不管熙熙在家里如何哭闹，都必须先找到原因，看看是大人的问题，还是小朋友的问题，不再用管教的口气对熙熙说话，而把他当作一个平等的朋友对待。

随着助教次数的增加，助教的角色被家长们认同，助教逐渐成为家长—小朋友—老师之间的纽带。从第二学期开始，助教的任务开始多起来，除了协助老师做好日常教学活动外，还需要满足家长们对各自小孩的照顾要求。

助教进班后，往往会成为众家长的目标，希望助教多在群里发自己小孩的上课照片。一开始，我也会经常在班级群里发照片，可是随着对助教理念的认识，我逐渐减少了这种行为。我用更多的时间去参与小朋友的活动，协助老师做一些力所能及的事情。

助教培养了我对全班小朋友的喜爱，也让全班小朋友都喜欢我。除此之外，助教又是一个家长之间相互学习、相互认识的机会。

蔡伟忠指导班，是全深圳市独一无二的由我们家长自创的一个班级。助教制度是蔡伟忠博士根据多年幼教经验摸索出来的一个教育方式，其目的，是让家长在班级中发挥作用，分担老师的工作，融入到班集体中，让家长和小朋友一起成长。其中最成功的一点，是将全班的家长紧紧地拧在一起，共同为这个班发挥积极的作用。助教是老师和家长、家长和小朋友之间的纽带，因此，每一个家长助教在一段时间后都可以很轻松地叫出班上每位小朋友的名字，知道每位小朋友的父亲、母亲是谁。在我们指导班，班上的爸爸和妈妈各自有一个群，在群里爸爸们可以抛开妈妈们的想法，尽情讨论对孩子教育的想法。这样，我的幼儿园生活圈子，一下子从单一的三口之家，延展到30家有着共同或类似幼儿教育理念的家长。家长们久而久之，已经变成朋友，就像他们的小孩一样，成为了好朋友。这也是助教带给我们很有意义的一件事，家长们之间也开始相互学习，相互提高。印象最深的一次，是班上一个小朋友的爸爸进班助教，那次下课后熙熙很兴奋地说起助教讲的故事，连续几天都有提及，我就很好奇，为什么那位爸爸讲的故事可以让熙熙回味几天呢？我马上在爸爸群里讨论这件事，原来不单我家熙熙如此，其他小朋友也都对那位爸爸的讲故事方式很喜欢。于是，我们就请了那位爸爸传授经验，大家一起学习。这就是助教制度带给我的提高自己育儿水平的一种方式。

三年助教，让我看到熙熙在班上的成长轨迹。刚开始助教时，我就提前和熙熙解释我助教的角色，提醒熙熙不要当我是爸爸，而是把我当作助教（类似老师的角色）。熙熙会远远地看着我，偶尔会跑过来叫一下我，或者抱一下我。我在助教过程中，总是情不自禁地留意熙熙的举动，可是后来发现这样对他上课会有影响，当我留意他的时候，他总会有些不自然的举动，比如对老师的问题容易分心，回答老师问题时自信心明显不足。于是，我慢慢地调整好自己的角色，进班后努力使自己以助教身份出现，以一个全班小朋友的朋友角色出现，把原本的身份丢下，从另一个角度去观察和体会。这种角色分离的做法让我在日常的育儿教育中，也体会到旁观者清的好处，使得在判断孩子的对错上，可以基于事实，基于平等去解决问题。

幼儿园偶尔会组织活动，比如运动会之类的，而我们班自发组织的活动比幼儿园的频繁很多。还记得第一次的巽寮湾集体活动，当时大家还不是很熟悉，大家循规蹈矩地按照事先安排好的节奏进行活动，就像普通班级一样。随着助教的次数越来越多，家长们之间越来越熟悉，家长对小朋友的了解也越来越多，彼此之间开始串门，再接下去的活动中，就几乎成了朋友之间的聚会了。一群大小朋友的聚会，或聚餐，或烧烤，或野炊，或登山，不亦乐乎，而这，就因为我们有着共同的一个集体——指导班。

当助教还有一个最大益处，就是可以看到形形色色的小朋友，了解到各种不同的小朋友的内心世界，让你学会站在小朋友的角度去考虑问题。

我们大人总会很自然地有角色意识，仿佛我们天生就是大人，而小孩天生就是小孩，这种角色的区分从我们看待小孩的角度就开始区分。进班做助教，一开始总是以家长的姿态出现，说话也是居高临下的，眼里看到的都是小孩，而不是一群活泼好动的可爱的人儿，从讲故事到室外活动，扮演的角色都是拘谨的。但是孩子们天真无邪的叫喊，一次次的融化着大人的内心。当我每月一次地站在操场上，和这群可爱的孩子们疯癫玩耍时，我内心更多的是被他们所感染，而逐渐地把我家长的面具撕扯掉，剩下的是一颗和他们一起玩耍，和他们一起长大的童心。

其实助教的工作很简单，协助小朋友换衣服，给小朋友讲故事，陪小朋友区域活动和室外运动，和小朋友聊天谈心等，但每一个内容，都是一个培养自己的过程。比如在小班时，帮这帮小朋友擦汗换衣服，这里不仅仅是帮你自己的小孩，而是全班这么多需要帮助的小孩，这个过程就锻炼了自己对小朋友的耐心。再有，给小朋友讲故事，在他们听故事的过程中，会提出各种意想不到的问题，而在你耐心地解答过程中，你会发现，原来孩子们的内心对故事的理解是这样的，对世界的理解是如此多彩的。这个孩童世界会让我们原本已经逐渐枯萎的内心重新焕发出新芽，会带着我们不断地审视自己。

成长是快乐的，随着自己的孩子慢慢长大，家长内心的惊喜不断。而经过三年蔡伟忠指导班的学习，经过这三年的助教，我和我的小孩一起上课，一起成长，这种成长，不单是岁月给予我们留下的印记，更重要的是当我们为人父母，我们如何站在父母的角度，陪着孩子一起长大，我们如何能真正从我们内心摆脱固有的传统父母角色，将最新的科学育儿观正确运用到我们自己的家庭，使得我们和我们的孩子一起进步。这三年，我觉得我们的指导班家长是做到了，感谢指导班的宽容，也感谢那陪伴了我们三年的机制——助教！

高级篇

五岁以上

第五章
高级内容——蔡伟忠博士演说精选

一、幼儿行为动机分析和教育引导方法

内容提示：

第一点，能够掌握对幼儿行为的动机分析，有针对性地采用教育方式。

第二点，能够初步掌握实效性的幼儿行为教育方法。最少能学会一些怎么教育孩子或者改造孩子的方法

第三点，个案实践分析，我会拿出一些个案，让爸爸妈妈思考"假如是你，你会怎么做"。只要通过了实践的环节，大家就能较好地掌握方法的应用。

大家早上好，今天很荣幸来到这里，这次我们是一个比较高级的培训，我希望通过这个培训达到三个目标。

第一，你们首先要掌握正确地思考、判断幼儿行为的方式。听专家讲课时，听可以多听，判断要自己判断，不要把所谓的专家神化，我们只是个普通人，只是我们的工作是做这个，接触得比较多。我们说的不一定就是正确的，每一个家庭不一样，每一个孩子的背景不一样。没有一套教育方式一定是对的，只有适合不适合，这一点一定要记住。千万不要在外面看到别人怎么成功教孩子，德国怎么成功教孩子、外国怎么成功教孩子，就把它搬过来用到自己孩子的身上。每一位家长都要有独立思考能力，要懂得判断什么对你的孩子才是最适合的。

第二，让大家初步掌握实效性的幼儿行为教育方法。至少你们学会一些怎么教育孩子或者改造孩子的方法。我有句话叫"三岁之前是教育，三岁以后是改造"。三岁之前行为习惯没有做好，三岁以后就要改造了。我希望通过第二部分，让大家掌握一些实效性的幼儿教育的行为方法。

第三，我会拿出一些个案，让爸爸妈妈想"假如是你，你会怎么做。"只有通过了实践，大家才能具备教育的能力。为什么我今天会增加这个环节呢？因为我发现很多妈妈都会说，而且说得比我好，至少普通话比我标准。但是，大家都是在接收二手知识，大家都会说，但没有一手经验的实践，回到家理论归理论，实践归实践。一边明明知道不能对孩子发脾气，另外一边发完脾气以后后悔得不得了，回过头想想，明明我知道不该发脾气，为什么要发呢？这就是缺少了实践。就好像学开车，老师天天跟你们讲理论，可是从来没有开过车。所以我们增加了第三个环节，就是讨论一些个案实践。

（一）首先要知道 0~8 岁的孩子有什么特点

孩子跟成年人不一样，你们知不知道孩子想要什么，孩子的每一个阶段发生了什么？我这次讲的跟心理理论有关的来源一本叫《儿童心理学》的书，是北师大陈帼眉教授写的，你们有空也可以看看那本书，是北师大出版社出的，那本书的理论依据相当可靠。孩子的成长首先要知道有几个特点，刚刚有孩子的时候，要调整做父母的心理。爱孩子是肯定的，但是不要过分地投入太多的关注。因为爱孩子是一场马拉松，从刚刚有孩子，一路爱到天长地久，爱孩子不是一个短期行为。所以你首先要清楚，你对孩子的爱是真的爱，还是对一件新鲜事物的好玩的心情。

你是爱孩子，还是像拿到一个新的玩具，刚刚买了新的包一样？爸爸像刚买了新的车一样？首先要搞清楚你对孩子是什么感情？你是真的爱他，还是刚刚有了，好玩得不得了？你要从新鲜感慢慢抽离，抽离了，从一种没理性的新鲜感的爱转化为一种爱，这种爱就是你很明白你是爱你的孩子的，这种爱不是占有他，不是控制他，不是支配他。

父母爱孩子爱到最后是为了什么？是为了放手。这个爱，跟你买了一个新车不一样，跟你买了一个新的包不一样。这种爱到最后是放手，让他远走高飞，让他有独立的思考能力、判断能力，让他知道人该怎么样生活，让他所有的人生是控制在自己的手里。你现在用两秒钟去想想，你对小孩的爱是哪种爱？是掌控他、支配他，觉得像拥有了一个玩具一样的爱，还是父母对孩子的应该有的爱，就是慢慢为他铺垫、让他成长，最后放手让他远走高飞，让他能够去探究一个世界，走自己的路，自己的决定？在座的父母，用两秒钟思考一下。

然后你就要把你的爱重新调整，你有责任帮助这个孩子成长，顺着大自然的规律让他一步一步成长，成为一个独立的真我，他的我，一个思想独立的个体。不是你想他怎么样就怎么样，这一点在座的一定明白。你的任务就是这样，最重要的是独立地思考能力和独立地判断能力、独立地适应能力的一个"我"，不是你，是他。他是自己，这点是你的任务，你有了这个任务在心里面，就会重新思考很多问题。

你的孩子磨磨蹭蹭不听话，你应该怎么做？你解决这个问题，是为了自己的面子，是为了身份斗争，还是想帮助他成长？每一次你跟孩子出现摩擦的时候，你扪心自问，你的反应、动机是什么？你的动机是因为你想他成长、长大，还是因为你觉得"你干嘛不服从我，干嘛不听我的话，我是你爸，我是你妈"？你摸一摸你的胸，究竟是什么动机？要是动机不良，肯定后果就不好。所以首先，教育孩子动机要明确，你的动机不应该是你想怎么样，不是为了一口气，不是为了我是爸，我是妈，不是为了赶时间，你就是要知道你的动机是为了帮助孩子逐步成长，你有了这个动机以后，所有的做法就会不一样了。

你再用几秒钟想想，究竟有多少次教训孩子、教育孩子的动机是不正确的。你有没有想过怎么做才是帮助孩子成长，你有多少次是因为自己那股情绪掌控不了而发脾气？有多少次是因为孩子不听话？"有没有搞错，我的话你还不听，现在要吃饭，我讲一句你不过来，讲两句你还不过来，你这样把我当成老儿啊？还不过来？"孩子不过来吃饭，想一想该怎么做，才能够帮助他成长？

这些是我们做父母的第一个要学习的，反思自己教育孩子的动机，把自己教育孩子的动机明确为帮助孩子成长，你的任务、你的工作就是帮助他成长。你想想帮助孩子成长重要，还是赶着出门到幼儿园迟到重要？帮助孩子成长重要，还是今天吩咐他过来要听你的话，吃了那一口饭重要？有了这个出发点以后，你就要懂得孩子的成长规律了，你要懂得我们该怎么样做才能够符合小孩的心理发展的规律，你不了解孩子的心理发展规律，就没办法有效教育他。

有一次我从广州坐火车来深圳，我后面的是一对年轻夫妻，估计也就是二十多岁，带着一个 BB，可能一岁不到。两夫妻很好玩，刚开始的时候抱着 BB 在玩，等一下 BB 开始哭了，然后年轻的夫妻就开始不耐烦了，"哭，别哭了。"然后就开始猜了，是不是要喝奶？给他奶不喝。是不是要尿了？发烧了？哭到后面，就说："怎么搞的老哭，怎么不听话呢？你叫他别哭。"那个老公好听老婆话，"你别哭好不好，你知不知道爸爸妈妈很烦的。"然后老婆就说，"这样子，打他小屁股，看他还哭不哭。"老公真听话，"再哭打你屁股。"然后就打了。我坐在前面，一路在听，觉得这对父母也真的没有好好读书，你跟一个一岁的孩子讲"你别哭，爸爸妈妈很烦"，他能不能听懂？在座的都会笑，还说"打你屁股，再哭再打你"，有没有用？小孩听得懂吗？你们都在笑。

孩子不吃饭，两岁多的孩子，怎么样讲都不听，然后孩子跟别的孩子争吵，我怎么教他，他都没学会，其实是五十步笑一百步。你今天笑那些不会教一岁的，今天你跟一个两岁多的孩子发脾气，跟一个三岁多的孩子发脾气，跟一个五岁多的孩子发脾气，有没有意义？一样，今天你会笑人家对一个一岁的孩子发脾气，其实回过头，你的孩子五岁了，你跟孩子讲"你再不好好听话，就不给你饭吃"，"你再不好好听话，就不给你看电视"，有没有区别？没有区别，只是一个五十步，一个一百步。

一个孩子出生，婴幼儿的时候就是一个小动物，一岁之前的孩子你就把他当成小动物就可以了，你跟他讲道理是多余的。到了两岁多可以跟他讲道理，讲道理让他明白这个世界到底是怎么样的，不过他听不懂的。你跟孩子讲"你还磨磨蹭蹭，你还不快手快脚"，一个两岁、三岁、四岁的孩子是听不懂的。

我有一次去深圳一家幼儿园，园长告诉我，开车下去，第三个路口左拐。我开车看到第一个小路口是没有交通灯的，我纳闷，这个算不算路口？去到第二个路口是个交叉路口，算两个还是算一个？别说孩子了，我们大人的语言或多或少都会有问题。就像今天搞会场一样，现场的工作人员都想把事情做好，问题出在语言沟通，没做好，同样一句话，大家的理解不一样。别说孩子了，我们大人很多时候出现问题，都是因为语言沟通。我们作为成年人，知道这是怎么回事，你跟孩子用语言讲，他根本听不懂。

小孩子打人正不正常？孩子不打人才不正常，孩子打人是正常行为，但是不文明的行为。我们教育是把孩子从自然人转化成为一个社会人，如果不明白这个道理，就会容易走误区，很容易把孩子从一个自然人，教成原始人了。我们的孩子天生就是自然人，把他教育成一个社会人，一个社会上能够接受、能够适应的人。很多家长说这样就变成是支配孩子了，不是去支配孩子，你只是让小孩去适应他、接受他、改变他，这就是我们的目标。教育的任务就是把孩子从一个自然人变成社会人，这一点一定要记住。很多搞不明白的就把自然人变成原始人了，很多家长说孩子不用教，就变成原始人了。所以记住，我们的工作肯定是要教孩子，只是怎么样教才是正确的，这是我们一定要掌握的。

（二）必须掌握孩子的心理发展规律

小孩子一岁的时候，你几乎不要把他当作一个有意识的人来看，因为人大脑神经的海马体是到三岁才开始有一点成型，海马体的成型就是有意识，懂得理解你讲的话的意思，开始明白一些道理了。简单讲就是三岁之前不懂道理，你跟他讲道理是废话。当然不是说刚到三岁生日那天就一下子变得讲道理了，从出生到三岁逐步变得有意识，会讲道理，所以两岁多的时候也可以明白一些道理，两岁多之前你跟他讲都是废话。

两岁之前的教育最能体现幼儿教育的核心价值。孩子就像面粉团一样，生理是面粉团，心理是面粉团，性格是面粉团，你想让他圆就圆，扁就扁。最重要的是你的环境要塑造好，所以两岁之前教育孩子就是教育自己，改变自己的心态，改变家庭环境，改变一切，最后孩子就在这个环境里面成长了。

孩子长到两岁到三岁就有点难了，因为孩子开始有点自我意识了。孩子一开始不知道"我"是谁，不知道"我"是个独立的个体，把"我"跟妈妈合在一块。孩子到什么时候开始明白到"我"呢？记住，人跟动物最大的区别是什么？你看照镜子就知道了。家里一定要给孩子一个大的全身镜子，因为动物跟人的最大区别是，人看到镜子，知道自己是谁，动物看到那个不知道是自己。这说明人有一个"我"的能力，知道是"我"，这个"我"的形成首先是从生理上的，然后慢慢、慢慢一步一步过来。两岁是一个很重要的关口，孩子开始变得麻烦了，开始丢东西、发脾气了，开始不听话，你越不让他做的，他越要做。这个时候，你的孩子正在探究"我"。

如果你压抑他，"你不可以这样子，你要听话，我要你刷牙就刷牙"。你比他个子大，你可以揍他。结果孩子在这个心理阶段没有好好完成就会出现严重问题，还不是一点点问题，因为他搞不清楚这个"我"了。因此，孩子不听话、发脾气、在探究，其实是成长的一部分，我们的工作就是让他顺利度过这个阶段。

过了这个阶段，孩子就开始知道"我"是谁了，因为孩子知道"我"是一个个体，跟妈妈不要绑在一块了，能够掌控东西了，拿东西可以丢了，所以那个时候你要允许孩子做这个事情。他没有丢就不知道我有这个能力，他就没有掌控他的自我的成长，两岁过了以后就好了。

到了三岁就要开始建立规则了，三岁之前的规则主要用环境来塑造，到三岁以后就要跟他讲这个规则后面的意义。很多父母犯的一个严重的错在哪儿？100个中国父母有99个都犯这个错，什么错？请问在座的爸爸妈妈，我们该不该支配孩子？你是否喜欢支配你的孩子？不喜欢吧。可是你知不知道你天天在支配你的孩子。"赶快出来吃饭"，"还不赶快起来，磨磨蹭蹭。""你干嘛这样做？你收拾玩具"……其实你这就是在支配他。

你没有跟孩子坐到同一条船上，你把孩子分离了，你不是跟他同一个立场，你是告诉孩子你该怎么样，而不是告诉他我们该怎么样，我们可以怎么样，这就是很多父母教育两、三岁到五、六岁的孩子犯的一个毛病。就是心态没有摆正，不知道应该跟孩子一起去解决问题，不应该吩咐他，叫他怎么做，而是爸爸妈妈跟孩子一块克服问题，不是让他一个人去克服。我们在座的父母从小都想锻炼孩子的生存能力，所以每一件事都告诉孩子，你该怎么做，孩子从小就觉得自己孤苦伶仃，觉得我是要自己去应付，妈妈都不跟我一块的，这样子小孩心里就不舒服。他觉得虽然住在家里，其实情感上你们没有支持他。

我问很多父母"你怎么样让孩子知道你爱他"，父母会说"抱他，亲他，说我爱他"，但是到了干活的时候就会说"你赶快怎么样，你赶快怎么样"。就像单位的领导，一到干活就说"你怎么那么笨，没做好。"你有没有组成一个团队？有没有把团队建立起来？没有。其实你跟孩子是一个团队的，如果这部分你能调整好心态，永远跟他一块去应付艰难就会很好。

你有没有试过，假如你跟孩子一块做一件事，孩子的积极性有没有提高？肯定会有提高。所以你要跟他一块来处理问题。你要记住，很多父母是不到那一分钟，不发现问题，总是到那一分钟碰到问题才解决问题，不是预先想到这个问题。比如临到小孩不起床那一分钟，才呱呱叫，然后就说我现在就来教育你，可那个时候是教育孩子的最好时机吗？不是啊，天时、地利、人和全错了。

比如早上起床这个问题，就要在之前找一个周末大家坐下来说，"宝宝，现在天气冷了，早上我们都不想起来。"不要说你不想起来，要说我们不想起来。"我们都不想起来。天气冷，想多睡一下，是正常的，蛇都要冬眠了，对不对，宝宝？"宝宝听了有没有心情好一点？有啊，爸妈理解他，体谅他，跟他一样，都不想起来的。所以你看到，跟宝宝这样说了以后，宝宝就会说，对，我们都有这样的问题。那我们一块来解决好不好？我们怎么样处理？有好多方法，首先要相信孩子的努力，轮流，一、三、五你叫醒我，二、四我叫你。如果是四岁多的孩子，他发现我们合作处理问题，整个环境不一样了，孩子就觉得我有责任了。你给孩子责任，他觉得我要完成这个任务，要把事情做好。所以一个心态的改变，角度的改变，教育小孩就不一样了，所以你要理解孩子。

我们父母的责任在于：

第一，帮助孩子成为一个具有独立思考能力、独立生存能力、独立适应能力的独立个体。我不断强调是独立，不是你支配他，你可以提意见，但最后决定权应该归他，不然的话，后果会很严重。因为你今天教孩子的，今天建立的教育基础，是为了以后做准备。比如青少年期，那个时候应对外面的诱惑、斗争，就会考验你跟小孩建立的基础有多牢。

第二，要解剖孩子成长的"心路"。孩子出生的时候没有"我"，不知道"我"是谁，他以为我跟妈妈是一块的，这一点很重要，你们一定要理解。小孩的这种意识要到五岁才能够慢慢清晰。知道"我"，知道什么是"我"可以掌控的东西，这个"自我"差不多要到六岁左右建立。"他我"就是别人怎么看我，"群我"就是群体里面的我，最后一个是"没我"。

这是人的心路历程。为什么两岁他会有那种行为，因为他就是在建立"我"，然后慢慢"自我"。"自我"是正常的，"我"自私，事事为自己，你的孩子没有经过自私的阶段，那就太危险了。一定要让小孩先自私过，然后才知道"他"，这些都没办法超前培养的。就好像开水一样，两杯茶放在桌面，一杯是开水泡的，一杯是凉水泡的，看上去都一样，其实是不一样的。所以这个过程是不能走捷径的，超前学习是绝对不应该的。我们判断教育对不对，一定是看是否符合小孩成长的自然规律，违反了就千万不要用。很多早教培养小孩的专注能力，就是违背孩子的自然规律的做法。

有一位妈妈跟我讲，"我宝宝很本事的，两岁就能专注地看住那个玩具。"我说那个叫发呆不叫专注。一个两岁的宝宝看那个玩具，有什么意义，你看我宝宝能看住它一分钟不动，那个叫发呆，不叫专注。不断在思考、分析，不断在大脑里面活跃地对比，这才叫专注。所以你看到小孩出生的时候肯定是非专注学习的，谁告诉你说一岁就培养专注，那他就害了这个孩子。为什么？因为对孩子来讲，他没有这么多信息量能够分析这个东西。所以小孩是这个很快看看，那个很快看看，等吸收了大量的信息，形成了基础，再来专注，这个过程是循序渐进的。好像学抽象符号一样，从小学抽象符号有什么意思？你说让小孩从小认很多字有价值，还是让小孩只会几个字，知道这几个字的前因后果，象形文字怎么来，故事都能讲出来，他有意义？这都是我今天要讲的第一点，学员要学会思考、判断。

小孩成长的"心路"就是没我—我—自我—他我—群我，又回到没我。让一个两岁多的孩子学会分享，小孩子不心理变态才奇怪。两岁的小孩子那个时候是自私的，眼睛看到什么东西都是他的，这叫自然规律。那个时候你说"宝宝，妈妈告诉你要分享给旁边的宝宝，这种叫分享，懂不懂？分享就是这样子。"你就害了这个孩子，到三岁多才可以这样教，那个时候心理成熟到这个阶段了。所以要符合自然规律去慢慢从自然人成长到社会人，这个过程中生理、心理慢慢适应了，以后才会不断地调整、变化。

这个"心路"是很重要的，这一关过来了，孩子就很喜欢父母了，觉得父母关心他。关心他以后，你丰富了他种种的智能，社会交往，让小孩在身边受不同的挫折。记住，不是你给他，你一定要分清角色，妈妈跟小孩的爱是永远不能分开的，你给他的爱是支持他一生勇往直前，去过一个精彩的人生，一个漂亮的人生。所以你记住，你教育孩子是分几个角色的，妈妈支持孩子面对大风大浪，但一定不能够破坏、影响你跟孩子之间的感情，这个是天条。

很多家长问我怎么挑最好的幼儿园？哪里方便就选哪里。你就把那个幼儿园给他的，总之经历过的都变好事，就可以了，明白没有？你经历什么都是人生的一种经历。难道全世界人都爱他、呵护他，对孩子好吗？不一定的。真实世界是怎么样，就怎么样了，没有必要花很多时间做这些，做了以后对小孩好还是不好，还不知道。父母更多的是要修炼自己，让自己变成能量很大的人，不管孩子在外面遇到了什么，你都懂得引导他正确地面对，就可以了。

第三个"智路"，就是智力的发展，所有的父母一定要记住孩子的学习是从直观、形象到抽象这三个阶段。直观是什么？比如，你刚刚生了宝宝，看着BB很新鲜，"叫妈妈"。你知道讲的是废话，还是这样讲。孩子听到、看到是这样的人，穿这个衣服，然后就要叫妈妈。孩子能不能理解"妈妈"的意思？理解不了，他只是条件反射，这个环境里面叫"妈妈"。然后过了几天妈妈换了衣服，又让他叫妈妈，孩子想这个又叫妈妈了，跟昨天的衣服不一样了，原来跟衣服没关系。第三天又换了环境，这孩子想原来只是跟味道有关系的，因为孩子是靠味道去闻妈妈的，所以刚刚生了小孩不要用香水，冲凉可以少冲一点，要保持味道，让小孩知道你的味道。整形没有问题，因为小孩不是靠那个去认的，这个问题不大，只是不要整得太厉害。

孩子就是靠这种直观，把所有的问题关联在一块，就叫直观。你记住这些很重要，BB不会把单独的问题分割出来，你跟他讲吃饭快一点，小孩会想很多东西，其实吃饭吃得快，我该怎么样呢？椅子该放在哪里？他会把所有跟吃饭有关的东西全部联想起来做对比，他不会把饭送到嘴巴那一段单独去想。所以对孩子来讲直观地能够看到、摸到的才有意义，所以跟孩子沟通的时候要是你只是用语言，孩子是听不懂的，没办法理解的。有人说，不会啊，我跟他说他懂的。其实，那个是条件反射，他根本不理解背后的意思，不理解，说了是没意义的。因为没有理解，做得再熟练也只是条件反射。

一定要记住，小孩基本上四岁之前都是直观，到五岁才有抽象思维的初步萌芽。快都是没用的，你叫他再快，跟到后面到时候再学是一样的。这方面已经做过很多的实验，双胞胎，两个孩子，一个提前学，一个到了关键期才学，提前学的可能在五岁之前比另外一个学得会强，而到关键期才学，一下子就追上来了。所以记住，没有必要超前学。

形象思维是什么？这个更重要，但这是中国幼儿园教育的一个空白。大家听着可能都有点悲哀，我们中国幼儿园教育现在比20世纪90年初我刚刚在国内的时候还差。幼儿园教育的环境中，家长只能够自求多福，自己要努力学好幼教，很多幼儿园做不到的，不是不想做，是没办法做。总之记住，现在幼儿园教育很多都没有办法做好。中间有一个很重要的部分是形象思维，它决定了以后孩子学习的快慢，讲到一件事在小孩的大脑里能想起来的，这就是形象思维。你一讲苹果，孩子一听到苹果能想出多少东西、多少意义，这个叫形象思维。

形象思维怎么样建立？最重要的就是自由游戏，就是别管孩子，让他自己去玩儿，随便玩，孩子每一次玩的时候就会不断地把他会的东西在不同的环境重现，每重现一次就等于带给他新的意义，这样就会产生很多很多的意义。简单地讲就是尽量让孩子自由游戏，不管他，放羊地去玩，玩什么都可以，从而培养思考能力。

很多家长都会说，"我有让小孩子在游戏中学习，我有安排好，回到家，第一段时间就玩串珠，锻炼小手肌肉，第二段就玩积木空间思维，第三段……"这个叫玩吗？这个叫游戏吗？这个叫训练，不叫游戏。所有能够对孩子产生价值的活动，条件一，孩子必须是放松的心态，心里是没压力的，是自主的，这种环境放松的心态下，大脑的另外一部分才能产生和建构。要是小孩是在紧张的心态下，他大脑启动的是另外一部分的神经。这一点来自于20世纪90年代美国新闻周刊里面刊登的芝加哥大学大脑研究的0～3岁大脑神经发展的成果。

这些是我们作为父母要知道的，让小孩自由玩，就是不管他，给他一盘沙一盆水，随便他玩，这个应该延续到12岁。随便玩，因为每一次玩都把所有的经验建构整合，这样的孩子后面的学习能力、理解能力、运用知识的能力都会很强。

温家宝总理曾在老师节发表了一篇讲话，这篇讲话非常好。总理去北京中学看教学活动，看完之后，温总理就说，四堂课都很好，主要问题是，我们的课都上得很好，不过我们的教育做得很不好。我们的学生考试考得很好，书本的知识学得很好，不过我们的学生素质不怎么样，创新能力在世界上更加排不上档次了。他这话的意思就是说教育并不等同上课，讲了之后教育部就换人了，准备大动作了。中央都发现一些问题了，我们做父母的更要知道，教育孩子不是传递书本的二手知识，更多的是让他准备好，不断学习、终生学习，有学习能力、有运用知识的能力，所以形象思维对小孩的一生产生很大的影响，童年应多让小孩子玩。

集体玩也很有好处，集体玩的好处就是我们的孩子从服从规则到创造规则，有了这样的经验。社会上分三种人，第一种是不守规则的人；第二种是守规则的人；第三种是制定规则的人。你希望你孩子是在哪一个层次？制定规则吧，是不是？所以你看全世界都在斗，在比赛，其实每一次会议最重要的工作就是谈判，制定合同、条款，再制定规则，人生就是不断在重复幼儿的实践，遵守规则、制定规则。这就是要让孩子二十年以后，到了社会，他觉得我做到国家元首还不是在做幼儿园做的事，就是在遵守规则、制定规则，你让小孩子从小学会制定规则的方法、心态，他以后到了社会就能很好地适应。

抽象思维是什么呢？就是抽象符号。比如快一点、慢一点这些就是抽象符号了。假如孩子从两岁到三岁、四岁、五岁，你要是铺垫了很多很多直观思维，丰富了他的形象思维，那五岁就开始建立抽象思维。抽象思维最好的解释就是数学，你看到很多错误的观念是什么？小班教 1、2、3，中班教 4、5、6，大班教 7、8、9、10。这简直是荒谬。给孩子教数学肯定是先教数量，数量是真实、直观的，比如说数珠，生活中数钱，两、三岁能教好多了。生活环境中允许的，在三岁、四岁之前多少数字都能用能学好。

给我印象最深的是一次在福建机场，看到一个两岁左右的男孩子，语言能力很好，等飞机的时候我跟他聊天，他爸爸看到我跟他聊天，就说"你考考他，买一个东西五块，一个东西七块，给二十块找回多少。"我说没这么神，才一岁八个月的孩子。结果这个孩子能够在五件物品以内，不超一百块的都能说出来。我说你的孩子好神。他说没什么，我开大排档的。晚上开档，老婆收钱，我负责店面，孩子没人管，会走路就在店里面走来走去，客人看到孩子好玩就跟他聊天，小孩语言能力发展就很厉害了。到买单的时候，让孩子去买单，买了几个月，就搞定了。

真实生活的教育比书本的教育对小孩更有意思、有价值，所以别迷信书本、迷信教材，小孩要的是身边的教育，天天看到的教育。家里面能够教孩子的东西多得很，桌子有什么不一样？椅子有多少腿？去快餐店吃完东西要他先拿钱去做预算，预算以后再计算，计算以后再去买单。到五岁才教数字，数字是抽象符号，数量是直观真实的。所以铺垫的直观，在生活中用了、游戏中用了，到后面一用抽象符号你想学多少都很容易，有多少本事学多少，有多少经验学多少，没有限制。抽象符号建立以后，你的孩子到小学一到三年级就像海绵一样吸收知识，你唯一要做的就是多买好书给他，多买好的DVD给他。他会问你九大行星，还是八大行星，引力有多重，会问你一些你答不出的问题，那么，恭喜你，你的孩子已经顺利过渡到自觉寻求意识的阶段了。

第四，"身路"，即身体发展规律，记住身体是一台精密的、适应环境的机器。你的孩子生出来就是为了适应环境而长成的，你给他什么环境，他就会有这样的免疫能力，身体也是，智力也是。最可笑的是，一到了冬天，很多老人都把孩子包得像个粽子一样，只有小眼睛，怕孩子着凉。其实大可不必，孩子的身体是有免疫力的。你知道日本的幼儿园冬天怎么上课？孩子脱得只剩下短裤做活动的。

20世纪90年代中国还有三浴，就是让孩子在这种天气下脱光了衣服做运动，这是好的。为什么小孩的身体有免疫能力啊？免疫能力就是告诉身体要对抗这种冷风，遇到冷身体就要调整，要是你天天把他包得像粽子一样，这个孩子的身体就告诉自己，"我的身体永远都不会碰到冷的，所以我就可以关掉、淘汰适应冷天的系统。"孩子身体的遇冷性就淘汰了，没有了。所以孩子的身体就是一台精密的机器，你要他怎么样适应，他就变成什么样的人，孩子是否健康，关键在于你是否放手。

吃饭也是。很多孩子有吃饭的问题。吃饭问题，是你们的问题，肯定不是孩子的问题。刚刚有 BB 的记住，从小培养孩子从自然人到社会人，第一个就是时间规律。对小孩来讲一出生就是吃饭的规律，你给他喂七次奶，就固定时间喂七次。刚开始小孩没适应，在两段期间肚子饿，要不要喂他？不要，BB 一出生很快适应了这个时间。不过你要固定，固定了，他就适应了，慢慢地，他一路成长，并把这个时间减少，最后吃饭的时间固定下来。他身体就会告诉他，就在这个时间段吃东西，其他时间段没东西吃的。这样身体的内分泌、胃酸等的就会按照这个规律来设计，人就是这样过来的。

吃多少该由谁来定？由孩子来定。你喂 BB 的时候会不会喝饱了，还硬塞给他喝？肯定不会了。BB 你不会塞他喝奶，为什么到了两岁、三岁你一定要他把饭吃完？为什么？没道理啊。胃是他的，肠是他的，他身体需要什么他自己调整，吃饱了就不用吃了，两餐中间没吃的，身体会适应。当然我还是需要你们记住，教育不是单项的，不是一招的，教育永远是组合。很多家长问我用哪一个方法可以解决问题，没有的，是用很多方法去解决一个问题。你告诉孩子要固定一个时间段吃饭，你的态度一定要好，教育的核心就是态度，千万不要孩子不吃饭肚子饿了，你就说，"看你啦，刚才不听我话，肚子饿活该。"记住，你的工作是培养他成长，帮助他成长，不是显示你的威风，不是显示你比他有本事，一定要调整心态。

父母经常犯的错。

这个不是中国父母才有的，全世界的父母都一样。新手父母都是担心孩子输在起跑线上，就拼命去买东西，所以最盲目、最没理智的消费者就是刚刚做妈妈的人，大部分家里面都有一些没用的垃圾，买错了扔在一边的。

一般父母犯了什么错？

第一种是过度保护型。什么是过度保护型？就是什么时候都帮他出头。

去到一所幼儿园，两个孩子在玩游戏，一个孩子推了另一个孩子，这个孩子就摔在地上，被人家推的这个孩子的爸爸刚好来接孩子，一看到就冲过去一巴掌拍到推他的孩子的儿童身上，结果这个孩子也跌在地上，刚好这个孩子的妈妈带了两个舅舅来接，两个舅舅冲过去就把那个爸爸按在地上打，家长、老师、保安好多人都拉不开。结果是，两个孩子手牵手在看几个大人打架。

这个就叫过度保护型。孩子的事情应该让他自己解决，你什么都保护他，什么都由你出头，那这个孩子还用不用自己解决？不用了，最后他适应了，习惯了，什么事都要找别人。这样就导致依赖性很强，书读得再多能力也很低，以后出了一点点小事都会跳楼自杀。

第二种是支配型的，就是什么都是你支配他，要他该怎么样做，不该怎么样做。连小孩穿什么衣服都要说，哎呀，你别挑那个裙子了，这个裙子好看一点，硬要把你自己的想法强加到小孩身上。很多时候可能是潜意识在支配孩子，导致孩子厌恶家庭、讨厌家庭、要反抗家庭，最后孩子就会千方百计逃离家庭，最容易出现的就是离家出走，上网成瘾等。

我有一个亲戚的女儿很漂亮，家里面管得很严厉，女儿去英国留学，进了一家女子贵族学校。她爸爸跟我讲，你放心，我女儿在我手里，绝对培养成淑女。结果有一年回香港，她的名牌车坏了，拿去修，跟修车的工人好上了，最后怀孕了，书都不读了。为什么？因为这个孩子从小没有经过免疫能力培养，从来都是封锁在他的范围里，支配她，这个小孩子有一股能量想反弹，想反抗，刚好那个时候外面有了一个诱惑，刚好这个诱惑又符合她的年龄。你不让我这样，我偏偏就要这样子，结果问题就出现了。

第三种是娇纵型，就是小孩想要什么你都给他什么，孩子只要开口向爸爸妈妈要，就会有。娇纵型的孩子会觉得这个世界来得太容易了，爸爸妈妈都给我，但是面对外面的世界又没有能力了。这种孩子容易"在家一条龙，在外一条虫。"因为你娇纵他，外面的世界不会娇纵他。

最后一种是放任型，放任型就是孩子想怎么样就怎么样，我不用管他。其实放任型等于不爱孩子，放任的父母是不负责任的。放任型的孩子没有感觉到家的关心和关爱，这样的孩子就会出现很冷酷的心理，对世界很冷漠。

我们最希望的是理想型。

理想型的标准。用我们中国教育孩子的标准就是永远适量，什么都不要过，什么都不要缺，适量就是对的。很多家长问我什么样是对的，我说不同的家里面有不同的度，总之就是在整体里面有一个平衡，即要有整体性的平衡思维给小孩的爱和给小孩的宽松，牵涉到周边的环境，比如你的孩子在中国上小学，中国的小学作业还是很多，要求严谨的，做父母的要不要同样严谨、严格，给小孩很多要求？不要。因为那边对他严格以后，他需要更多的平衡，那就是宽松、自由自主。如果你的孩子是在美国上小学，很轻松的，这样家里面要不要给他太多自由呢？不要，就要给他严谨。

我给大家一个思考的标准，不是告诉你什么是对、错，我也没有能力告诉你什么是对、错。我是告诉你要注意我们的标准，这个标准就是思考的模式，用中国老祖宗的《易经》的整体性平衡思维。千万不要迷信老外，老外比我们差多了。他们的东西是好用，好像很快见效，但后果不一定是好的。比如，局部、片面看世界，导致生态不平衡，其实老外是祸首，不是我们。所以你千万不要听了老外的那一套，就把孩子作为中心、作为一切，这是不符合中国国情的。中国国情是以家庭和谐为核心，整体和谐为核心，不是把孩子突出来，在中国把孩子突出来作为核心，每个人都一味关注孩子、爱孩子，对孩子是没有好处的。

学习间接指导。家长对孩子要间接指导，不要直接指导。直接指导就是你告诉他，你训他，你告诉他该怎么样。直接指导只能是当孩子在问你的时候、在传递知识的时候才有用。五岁之前的孩子应该大量采用间接指导，就是教育怎么样解决这个问题，不要直接出手，用其他方法去解决。

我有一个朋友说女儿有点弹琴的天赋，但是却不喜欢练琴，妈妈为了这个孩子，专门去学琴，陪她练。我认为真没必要。该怎么样？很简单，就是去找另外一个她熟悉的小孩子陪她一块练，两个孩子一块练有没有好一点？好多了。所以解决问题不是说教，是要想办法解决问题。

（三）父母应该掌握科学正确有效的方法

我们今天教的是强化行为习惯的方法，怎么样能够在日常生活中帮助小孩建立一种良好的习惯和行为。

刚才讲的家长犯的娇纵型这些问题，同样一个家长可能在某一些方面是放任、在某一些方面是骄纵、在某一些方面是支配，这个你自己要分析你的心结，比如你小时候没机会学琴，现在希望小孩圆你的梦，就变成是支配型的。你先分析自己是哪一种情况，然后做一些调整。

我们今天讲的方法包括三个方面。

第一个是强化行为习惯的方法；第二个是改变行为习惯的方法；第三个是发展孩子能力的方法。这些只是其中一部分的方法，在教的时候记住几个关键点。

1. 要从少到多，就是你给小孩的量，一定是从少到多，从近到远，从易到难，从小到大，从直观到抽象，一定要循序渐进，千万不要一步到位。

今天小孩吃饭慢，你就来训孩子，"你赶快，原来要你50分钟吃完饭，今天我要你10分钟吃完。"这个就太难了，要从易到难，一步一步来。

2. 要确定孩子明白该怎么做。从动作到语言，跟小孩沟通，并做给他看，最后他就明白了。不要一股脑就只是说给他听，他听不明白，你的脾气就上来了。

3. 原则：先情后理，我们中国人是先做人，后做事。不管小孩犯了什么错了，先过去抱一抱，告诉他，"妈妈知道，你努力过"，然后再讲道理。这一招我建议必须要用，能解决很多问题。

客观冷静，冲动的时候到厨房先喝一杯水，让自己冷静下来，让孩子冷静下来再处理，冷静的时候教育孩子才有效。

尊重孩子，即让孩子有选择权、发言权，让孩子先说。现在连因犯都有发言权和申诉权，你的孩子有没有，有没有机会先讲一讲呢？

同一立场，不是你吩咐孩子去解决，而你是跟他一块解决。

（1）强化行为习惯的方法

第一个是描述性的表扬。表扬孩子的时候不要说"很棒、很好"这些话，首先要描述你看到的事情，再描述你的感受，最后再简练总结，这叫描述性的表扬。

比如，你的宝宝画了一幅画，大部分妈妈会说，"宝宝很棒，画得很好"。这幅画凭什么好？这里要描述。假如你的宝宝是三岁半。你可以说，宝宝，爸爸看到你画了一辆车吧？或者你不知道是车，爸爸看到你画了红色大圈，又用绿色画了一些小圈，对，这是绿色的窗户，你看还有红色的轮子，这是一辆车，爸爸看到你用三种颜色画的，而且你看这个车门画得挺有意思的，有门锁，好像家里的门一样。这就是描述你看到什么。然后描述感受，你看到宝宝画了这个你有什么感受，你会感受到挺欣赏的，挺好看的，挺开心的，最后就要总结两句话，爸爸觉得你画这幅画很认真。这样孩子在你描述里就掌握到，第一个是爸爸有没有用心看我的画，有。因为爸爸看到画了什么。第二，爸爸的感受。爸爸爱我，我爱爸爸，这个感受很重要。最后总结得认真，这个小孩以后就懂得做事要认真。这个描述性表扬不是用一次，父母要形成一种习惯，你要习惯表扬小孩的时候都描述给他听，我觉得这个好在哪儿，我的感受是什么，形成跟小孩交流的习惯。

第二个是情感交流。你要不断跟小孩进行情感交流，跟他讲，我很开心，你做了这个事，或者是这个事我不开心，你也不开心对吧？这会让孩子知道你的感受，父母尽量多用这个，帮助建立孩子跟你的感情，因为你的爱决定了孩子的人生是否幸福健康。你的孩子爱不爱你很容易看出来的，比如你的孩子吃饭很慢，你不要说你吃快一点，而是说，"宝宝要是你吃饭快一点，妈妈会很开心"。你就看他会不会因为这句话吃快一点，会，就表示孩子很爱你，因为他很重视你的感受。所以你要小孩提高他的情商，提高他的感受性，你就需要多跟孩子讲你的感受，多讲你感受到的他的感受。

第三点是假设性的提问。我们教育孩子的时候说，我们上学迟到会怎样，让孩子去想，他是没有这个能力的，他不知道一瞬间做的事会影响后边的结果。所以父母要不断地提醒他，假如我们这样子做，后果会怎样，有好的，有不好的，这样孩子就学会了这样想问题的方法，就能够在他的行为模式中固定、强化。以上就是强化行为习惯的一些方法。

（2）统一家庭观念的方法

如何统一家庭观念，我们有九个方法。

第一个方法是互相尊重。小孩为什么不听话，我不是很喜欢"听话"这两个字，因为从小人家就告诉我要听话，我现在听到人家告诉孩子要听话，我就觉得很讨厌、很反感。当然"听话"也不是错，只是我自己的一种习惯，我觉得人不应该是听话，应该是互相尊重。

小孩为什么不听话，可能就是孩子没有按照你的要求去做。首先可能是为了引起你的关注，他故意做一些你不想他做的。特别是那些支配型的父母，或者是放任型的父母，因为你跟小孩沟通不够，你以为自己放了很多时间在小孩的身上，其实你没有给小孩优质的时间，没有让小孩感受到你的爱，以至于小孩为了获得你的关注，故意捣蛋。

其次是因为小孩不懂正确的处理方法。比如，收拾玩具，妈妈说，"宝宝赶快收拾玩具"，或者幼儿园老师告诉孩子赶快收拾玩具，小孩听到"收拾玩具"，就会开始思考什么叫收拾玩具呢？是先把玩具筐拿过来放进去，还是把玩具搬过去？是先收拾这些还是收拾那些？是收拾一部分还是收拾全部？对孩子来讲"收拾玩具"几个字是很复杂的，他会想很多东西。应该怎么做呢？"宝贝跟妈妈来收拾玩具，妈妈跟你一块收拾"你跟孩子一起做一次、做两次，他就懂什么叫"收拾玩具"了。

记住，要想小孩学得快，就要规范用语跟动作相结合，父母一开始就要在孩子身上用规范用语，名词、量词一定要规范，不要马马虎虎。小孩大量使用名词、量词以后，那些名词、量词、介词对他的意义就丰富了，他上小学后理解能力就比较强。这就是不懂处理方法的一种做法，你要好好教他，跟他一块做。而且不要到那一刻要考试了，才做，要在之前做好，不要在吃饭那一刻才叫他吃饭，全部要做在前面，你要好好教他，当做游戏来玩，小孩会很喜欢的。

再有是因为小孩情绪不好。情绪不好的孩子就会不听话，脾气有一点躁，所以家里面要有一个小孩的隐私空间。比如一个小纸皮箱，让他躲在里面，外面挂一个"请勿打扰"的牌子，告诉宝宝这是你自己的空间，我们会尊重你，你可以邀请我进去，也可以不邀请我进去。你心情不好，就躲在里面，把牌子挂在上面，我们就不会打扰你。然后在里面放两个枕头，小孩有一个发泄情绪的地方，出来就没事了。

统一家庭观念很重要，千万不要家里面几个成员讲得都不一样，那样你的孩子一定会撒谎。我们做过很多研究，把一些家长觉得很乖的孩子请到单面镜观察室，告诉孩子桌上有一个盒子，千万不要打开看。然后妈妈跟老师躲在单面镜另一边观察，结果98%的孩子都会打开看，这很正常的。所以你的孩子一定会有一些不打算跟你说的事情，就像你也会有一些事不想你老公知道一样。这是人之常理。孩子上了小学，你以为你都了解他，但你找一天放学跟踪他，就会发现原来孩子有自己的空间、自己的天地，你应该很开心，孩子成长了，有自己的想法。所以统一家庭观念很重要，不要让孩子从小就为了迎合不同的人讲一些为了得到最大好处的话，这样的孩子长大以后性格就会很狡猾。家里面一定要统一家庭观念，统一行为，不过可以分角色。就是说妈妈给宝宝爱，爸爸讲道理，不过两个不能唱反调，爸爸训完孩子，妈妈千万不要落井下石。这个在幼儿园经常见到，一个老师在训孩子，另一个老师就过来说"对啊，就是你"，第三个老师讲"就是你"。这个孩子惨了，这样的幼儿园肯定不行。

千万不要这边爸爸训完他"你干嘛吃饭吃得这么慢"，妈妈又过来"就是嘛，你干嘛吃饭这么慢"，一会儿奶奶又过来"就是你吃饭这么慢，让我们收拾得慢"。这样孩子会备受打击。应该是，一个人训他或者跟他讲道理严厉一点，另一个先别出声，走到一边，不要管他。到后面这个孩子给爸爸训得不开心，妈妈就过去安慰"宝宝怎么了"，"爸爸刚才训我。"妈妈一定不能说"你活该"，也不能说"对啊，爸爸不对，打倒爸爸"。应该说，"刚才爸爸训你，严厉了一点，为什么？你想想道理。"这样他就有一个倾诉的对象，帮他整合经验。教育是一个共同体，我们要形成一个整体去教孩子，不是唱反调，而是分工合作。

第二个是改变行为的方法。这一招很好用，我觉得可以从两三岁用到十岁。给孩子一个表格，一格一格的，每一次孩子做了值得表扬的事，打一个星，并写下来几月几号因为什么受表扬。五颗或者十颗以后给他奖励，但不要用物质的奖励，用活动的奖励，比如拿了十颗星星，爸爸亲自下厨给你做饭，或者跟你打羽毛球。

到后面你会发现孩子对这个星星非常重视。当然也有父母会做得很极端，然后说效果不好。一个家长说她在这个方法上面改进了，做得好我就给他星星，做得不好就擦掉他的星星。我们一般就是给星星鼓励，这个你用到十岁，孩子都会很重视这个星星，他会为了这个做一些事。很多家长会说，这样会不会造成孩子为了星星而做事？但实际上我们需要一些工具，去辅助孩子面对一些他不会有兴趣做的事，我们需要一种工具去增加能量，最后让孩子接受这个事。到五岁了父母就要告诉孩子，这个世界有许多事你不喜欢做，但是必须做，我也一样，需要大家共同去面对、解决。

第三个方法是冷处理。孩子做了一些不喜欢的事，就冷处理，不管他。就好像我看到的一个老外，带了四个孩子在香港等船，第二小的孩子可能有五岁，为了一点事在大庭广众之下打滚哭闹，而两夫妻一个看书一个看报纸，特别冷静，这就叫冷处理。孩子哭闹，家长没有反应，孩子就会发现这一招不管用。

第四个是同侪教育法。同侪就是同伴、同年龄的孩子。当你直接出手没办法的时候，就可以利用身边的小朋友，所以做父母的要懂得收集情报，收集小孩周围小朋友的特点，用小朋友影响小朋友。不管是练琴，还是做运动，用孩子去影响孩子，一定比你去影响要好得多。

第五个是正确示范法。就是你给小孩提要求的时候要正确示范，要跟小孩一块做，不要只是跟小孩讲，讲是没用的。幼儿阶段一定是正确示范，一步步慢慢做。

第六个是同理心原理。跟小孩交流的时候一定要先了解小孩的感受。爸爸知道，早上起来其实是很难受的，这句话就比"你快点好不好，还磨磨蹭蹭"听上去舒服。

第七个方法是每人一句，每人一次。你跟小孩交流的时候，你讲一句，我讲一句，你做一次，我做一次。小孩四岁的时候家里就可以定规则了，你定一条、我定一条，大家来遵守。比如，你吩咐小孩子赶快去做运动，与爸爸跟你一块做运动，有没有不一样？完全不一样。你吩咐他赶快收拾玩具，与爸爸跟你一块收拾玩具也是完全不一样的。

第八个方法是换位思考。让孩子换一个位置思考，假如你是他会怎么样？这招最好用在小孩之间发生摩擦，或者在电视中看到一些需要拿来教他的情景，假设自己是他，小孩的思维就不一样了，这对以后的成长很有帮助。

第九个方法是重复性回应。假如小孩跟你讲了一些话，你不会处理，或者你不懂怎么反应，而且没必要反应的，就可以重复。"爸爸，我今天在幼儿园打了人。"你是说"为什么打人，不能打人"，还是说"揍得好，揍伤了没有"？都不行，没用的。要怎么样？你可以说"你在幼儿园揍了人啊"，回过来再去了解、调查、处理。

（3）发展孩子能力的方法

第一，带着孩子一起做。我有一个香港朋友，家里经济不怎么样，他每个星期天早上起来，风雨无阻地带着孩子去坐公共汽车，坐到第一排，每一条线路从总站坐到总站，看到什么说什么。这种家长带着孩子去认识世界，孩子一定不会比那些参加兴趣班的发展差，而且可能还更强。

第二，留足空间让孩子去发现。我跟一批大班毕业的孩子上数学课，我拿了18个木珠子给小孩，孩子数了木珠子是18，我问孩子18分成两堆，是多少？我们的孩子又数一遍，又是18，分三堆多少？我们的孩子还要数一遍，还是18。小孩数学没学好，没有数量守恒的概念，应该是怎么分都是18。幼儿园的数学没教好，这个不奇怪，大把都没教好的。这里你怎么教他？就是一次次重复。重复到第八次，有一些孩子不再数了，直接说是18。我说你数一数，小孩一数果然是18，小孩就很开心。这是真的发现到了的开心，真的找到知识的开心，他自己发现的就是他自己的，要是你告诉他，就是二手知识，而不是一手经验，所以要留空间让小孩去发现知识，这一定比你传递知识效果要好。

第三，全感官活动。就是让小孩动用全身的感官。记住，到了小学以后孩子学习就是用眼睛、耳朵，这是主要的学习工具。只有在幼儿园阶段才有机会用鼻子、皮肤等所有的感官去感受，这个感受是为他建立对一些东西除了文字以外意义的唯一机会，所以在这个阶段大量地让孩子用全身的感官去感受，去看、去听、去闻、去尝，闭上眼睛去摸，这样孩子以后一看到这个东西就会想起很多，而且这种神经的发展不是文字所能取代的，它会变成大脑的一部分，而过了这个阶段就没有办法建立了。

第四，作品欣赏法。尽量让小孩大量地欣赏作品，分享作品，比如一幅画里有颜色，有大小，有概念等东西，家长带着小孩每一次画完一幅作品，引导他去欣赏，小孩整合了好多概念的东西，就为以后的成长铺垫，发展自己的能力。

我们抽出了常见的一些问题，现在我们来解决这些问题。

1. 行为习惯类的问题。

（1）独生子女的性格培养。小孩刚两岁就任性、脾气大，不懂谦让，自立性不强，如果纠正？

首先要分析问题出在谁的身上，父母、孩子还是其他？肯定是父母。父母的问题出现在哪儿？不了解孩子，理论基础不达标。因为小孩在这个阶段就应该是这个样子的，你的预期目标应该是让小孩顺利度过这个阶段，你可以帮助他，为他提供一个环境让他可以自主地去丢、去玩，那些不危险的东西让他能够掌控，让他能够掌控这些东西，预期四个月就能搞定。

（2）女儿从小就敏感，而且比较以自我为中心。自从3岁的时候弟弟出生，就更敏感了。很爱哭，不愿上幼儿园，不愿意家人关注弟弟，和别的小孩子玩的时候，我们一定要关注他……不知道该怎么办。

问题出在哪儿？父母、孩子还是其他？还是父母。为什么还是父母？因为弟弟出生以后，这个孩子得到的关爱就少了，她做这些是为了引起父母的注意。所以我们预期的效果是让孩子学会爱弟弟，方法是父母去爱这个孩子，让这个孩子去爱弟弟。怎么样让她去爱？一家人去生活，不是妈妈跟弟弟，是妈妈、女儿、弟弟，要假手于女儿去解决弟弟的一些问题，或者是参与解决，也就是间接指导。

（3）孩子看见别人有，而自己没有的时候就发脾气，该如何处理？

这个问题要分低幼和高幼。如果是低幼，这个问题出在谁的身上？还是父母。因为低幼的孩子看到什么东西都感觉是自己的，因为我看到就是我的，然后我就想要，没有了就发脾气。发脾气是不是一个正常行为？小孩发脾气、大人发脾气是不是正常行为？是。他是自然人，自然人发展为社会人就要学会怎么样表达情绪，这个应该父母来教，父母没教会，他发脾气就是父母的错。那我们该怎么处理？方法很简单，安排一天安静下来模拟情景，或者是教孩子情绪不好了该怎么样表达、取代发脾气。妈妈假装是她，爸爸假装是另外一个，模拟了小孩再来排练，以后小孩碰到这个问题，就会用合适的方式取代发脾气。

到五、六岁了，小孩看到别人有，自己没有发脾气，是因为父母的教育行为有问题。这个就是娇纵出问题，孩子不会自己控制自己的要求，父母要调整你对孩子的方法，比如重新再提要求。你五岁了，妈妈觉得你长大了，可以自主了，每天会给你零用钱，以后妈妈就不会随便买礼物给你了，只会在生日、六一买，其他你自己有钱自己买，好不好？说了以后用这个去调整他，让他不是想什么就有什么。这个调整可能也需要几个月的时间。

（4）女儿胆小、性格急躁，有遗传的因素，也有前两年不得法的引导，现在父母应该注意什么？

遗传对小孩影响很大，我有一个朋友，从小孩子没有跟爸爸在一起，因为爸爸一旦就不在了，但是这个孩子完全遗传了爸爸的样子，所以遗传是很重要的。要记住，有一些遗传的东西不要去改变，我们只能让这个变成优点。我觉得胆小不是坏事，在中国胆小还好一点，性格急躁就用玩具来慢慢调整。

2. 气质类：

（1）对孩子的要求，经常被当成耳边风，孩子由此抓住了大人的弱点，即反正不听你们的话，你们也不能拿我怎样。孩子在外很好，回来就闹，对我们的话选择性地听，越是要求他不可以的事情，他越要尝试。

如果是低幼的，是因为你家里的原则不够强，为什么？因为你说打死我，没有打死过我。应该要讲一些你能做到的，比如今晚就不看电视。我不觉得我们要给孩子威严，孩子要尊重你是一个有诚信的人，就是你说了什么就一定是要做到的，你就能建立你的诚信度，建立以后，他知道你是认真的，这件事讲了会算的，就一定会按要求做了。

（2）孩子在家脾气特别暴躁，动不动就高声大叫。

低幼的也是取代方法，要想一想，很多时候孩子处理事情是这样子的。

比如，我儿子对我的态度很好，对我老婆的态度不怎么好。为什么呢？小时候跟我儿子聊天，问他为什么？他说妈妈对我态度不好，她怎么对我，我就怎么对她。然后我说为什么你对我态度好？他说爸爸明白我，会好好跟我讲。所以这就是你怎么对他，他就会怎么对你，完全像一面镜子。如果小孩在家里面脾气暴躁，还要看家里的环境安排是不是合他的心意，有没有他的私人空间等。

（3）1 岁宝宝喜欢打人、咬人。

这个太正常了，不打才奇怪。还要记住饭量、奶量让他自己来定。

3. 学习类：

（1）小孩上大班了，可是厌恶写字、学习，整天只想玩，只想看电视，大人很无助，不知道该怎么办？

这个就要看前面教的怎么样了，有的小孩三年级就不喜欢学习，那就是超前教育的后果。我在这一行做了 26 年，我发现幼儿教育真的是在种因，前面按照规律去做，后面的果就收得很好，前面贪心，拔苗助长，想赶快出成果，后面一定出问题，这是我这么多年下来的经验。我在幼儿园做指导，是拿几百个孩子做对比，一路跟踪 6 年所得出的结论。

对孩子而言，写字本来是好玩的事，孩子应该很喜欢写字。你说写字有什么好玩，这个你就不明白了，写字究竟是游戏还是工作，不在写字，在怎么引导，就像我讲的汤姆历险记的故事一样，

汤姆被姨妈罚刷围墙，很辛苦。他的三个小朋友过来，他就装着很开心地吹着口哨刷围墙。小朋友问他在干什么？他说我在玩游戏，叫做刷围墙，好玩得不得了。三个小朋友想玩，汤姆说不行，只有一套工具（这招你们要学，欲擒故纵），必须拿你的玩具来交换。结果是汤姆就在大树底下玩玩具，三个小朋友开心、快乐地把围墙刷了三遍，刷得可好了。这个故事告诉我们，是学习还是游戏不在形式，在出发点，是心态，你们要懂得掌控。孩子厌恶写字，因为你给了他压力，逼到他不开心、不满意他就不会写，如果他觉得写字好玩就会主动去写。这就是前因后果。该怎么样处理？大班还只是人生的一个初步阶段，可以赶快改正过来，让写字变得好玩，变成游戏。

（2）如何教数学、认字、写字、英语。

这是一个很重要的问题。记住，在低幼的时候铺垫大量的直观经验，以后孩子就学得快。比如，五岁之前，在家里我们数一下有多少窗户，哪一个窗户大，我们用身体来量一量，我们数一下有多少地砖，看谁比谁高。在家里面提升这种摸到看到的经验，要多用规范的语言。认字很简单，我们来找找你的名字，找你名字里面的单字，慢慢在生活中认。有人会说，在生活中认字跟在书本中认有什么不一样？肯定不一样了。同样一个字在不同环境中出现，这个字会对小孩产生很多真实的意义，这是最简单的。写字就更简单了，从小练好小孩子的小手肌肉，要够力量、够灵活，手眼协调要好。可以让他

随便涂鸦，画东西玩，画字也可样。拿笔很重要，工具很重要，粗的、三角形的大笔，三个手指头点住它的面就能写。要在大纸上面写，不要给他小格，什么字倒无所谓，画出来，画完以后，最主要要跟小孩讲这个字是怎么变出来的，水怎么出来的，先画一条河，最后变成水。山怎么出来的，然后小孩就会觉得好玩。这就要画图认字，这是学中文。

学英文就不一样了，学英文千万不要先认 A、B、C、D 等字母，要先多听，先学发音。英文会讲就会写，所以会讲比会写重要，英文是大量的听跟动作结合，千万不要用翻译的英文。现在好多英文教材都是商业机构编的，大量的"苹果苹果，apple"，质量堪忧。应该把真实的苹果跟"Apple"联系起来，而不是把真的苹果变成中文"苹果"再变成"apple"。小孩学的时候就知道这个东西就是英文，最好用动作来做，将肢体记忆跟英语相结合。

记住，我们不是要在孩子幼儿的阶段教他一生的知识，而是在幼儿阶段打好基础让他以后学英语学得快、学中文学得快、认字认得快，学数学学得快。

二、为上小学做好准备不得同于超前学习

内容提示：

幼儿阶段和小学阶段学习心理特点有什么区别？

直接学习和间接学习有什么区别？应该如何为孩子做好准备？

数学和计算有什么区别？如何提高孩子以后学习数学的能力？

语文和语言有什么区别？如何提高孩子以后学习语文的能力？

英语和双语有什么区别？如何提高孩子以后学习英语的能力？

如何避免孩子以后上课不专注的问题？

如何提高孩子以后在学校的任务意识？

需要提前认字、写字和学习拼音吗？

什么样的孩子才会出现厌学行为？

家庭教育该如何随着孩子准备入学而调整？

蔡老师： 今天想跟大家讲的是，要以更高的角度去看待幼小衔接。一般讲幼小衔接关注的是从幼儿园到小学怎么适应、如何专注学习等。当然这些也对，不过我觉得我们应该站在更高的高度去看，这个高度是什么呢，就是说我们如何培养有创造性能力、能够运用知识的人，我们要从这个角度去看。孩子从幼儿园去到小学，刚好是学习的一个转折点。孩子在幼儿园是通过模仿而学习，而到了小学是理解性学习，这个中间还有一

个阶段的衔接。这个衔接是什么呢？就是孩子的抽象思维还没有完全建立起来，孩子在5岁左右是抽象思维初步萌芽时期。一般在外国，比如美国等发达国家会从6岁最大到8岁再给孩子一个过渡的衔接。小孩的学习分几个阶段，第一个最基本的阶段叫做直观性学习，看得见、摸得到的才叫直观性，比如面前放着一个纸杯，孩子看到这个纸杯，纸杯存在，两三岁的孩子会去触摸它、感受它。这时很多妈妈会给孩子讲"这个叫纸杯，跟我说杯子、杯子"，这样做你觉得是正确的还是错误的？

主持人： 正确的吧，告诉孩子它叫什么名字啊。

蔡老师： 为什么要告诉他叫什么名字呢？

主持人： 让孩子知道物品的名字，以后要什么就可以正确表述啊。

蔡老师： 打断孩子的感知过程而知道"杯子"这个名词，相对于他花好多时间去摸、去感受，然后把这些感受形成只可意会不可言传的一系列信息，进而形成对杯子的信息印象，哪个更重要？我个人觉得我们应该尊重孩子每一个阶段对每一件物品、事物的知识的认知特点来进行教育。比如对这个年龄阶段的孩子来讲，对他有价值的是对这个杯子的感知觉的印象，这种印象形成了只可意会不可言传的一种信息，而这种信息不一定要用语言文字表述出来。再举个例子，记不记得你们初恋的时候摸着恋人的手的那种感觉，那个是讲不出、写不出来的。有一天突然你会想编一些音乐去表述，你就会用到这种宝贵的素材，这种感知觉其实是认知的一部分，我们很多家长错误地把知识等同于文字和语言。所以我们在让孩子学习的时候，必须尊重他每一个阶段的学习模式，比如说一个孩子在这种感知性的直观阶段铺垫大量的这种感知觉印象，有利于他以后在讲"杯子"的时候，对杯子的意义的运用和丰富。而如果你很快就给他讲这是杯子，就可能打断了他在花时间认知的东西，这样子他就可能简单概括了，哦，这就是杯子，到此为止。要是你不给他讲这个是杯子，你留一个空白给他，让他带着疑问去摸这个东西，这个东西很有趣呀，摸摸它放了水有什么感觉，拿起来重量又不一样，这样他对这个物品就会产生很多感知觉的信号，这种变化的信号形成大脑的印象，当有一天你再叫它杯子的时候，孩子就把这些信号全与杯子联系起来。

这一点我想跟大家讲是一个很重要的观念，就是知识的多少跟知识有多少索引是不同的。索引是什么？字典前面查东西的那个叫索引，目录索引，有这个索引才找到这个知识。知识与索引同样重要，现在我们的家长往往侧重于学更多知识，而忘记了要为每一件知识贴上更多的索引，让孩子能够灵活运用。知识的索引能让你举一反三，能够灵活运用、灵活学习。所以对低幼的孩子来说，他的学习是直观的，需要通过摸到东西产生一个印象，然后形成"形象思维"。什么叫形象思维呢？就是这个东西不再摸了，他的大脑还保留这个记忆，就像我给你讲"拿着一杯水"，你就会有从前拿着一杯水的所有感觉出来，感觉越多，这句话能够索引出来的信息就越多。所以呢，形象思维的丰富，对一件物品认知的丰富就等于以后你的运用度，就是索引出来的认知一样。

孩子慢慢到5岁有抽象思维的萌芽，小孩就能有一种叫"概括"的能力，就是能够把一些事情找到共性再用一些抽象的符号表示。这种符号等于要用一个能量很大的索引，一索引就能把好多东西拿出来，这样子老师就开始可以用抽象符号来教学。人类和动物最大的不同就是这一点，人类能够用抽象符号概括知识，再用抽象符号增加知识，这是人类能做到的。所以小学这个阶段刚好是从一个动物本能的学习，就是直观的形象走到一个很重要的通过符号来学习的阶段，中间这个发展过程，牵涉到孩子以后终生学习的能力。今天我们集中讲能力，不讲态度、心态，集中讲能力。这个学习能力牵涉到小孩学东西的快和慢。给你们举个例子，有一批孩子学数学，在小学一年级下学期遇到一道题：○＋△＝5，○是3，△等于多少？孩子用5减3算出来△是2，我问他怎么算出来的，他说老师教的，用这个套路，5－3就是答案。我问他为什么○加△会等于5呢，圆就是圆，加一个三角，就等于圆上面一个三角叠起来么，为什么会等于5呢？如果我问你（主持人）为什么？

主持人： 是不是老师把○和△赋予了不同的意思，比如一个是2、一个是3，已经是一个定式的思维了，是用圆和三角抽象地表示数字。

蔡老师： 抽象怎么理解，这个抽象如何能够回到直观？我们应该怎么教孩子呢？应该拿两个一样的杯子，一个上面画○，一个上面画△，一个杯子里放一些木珠，另外一个杯子里也放一些木珠，首先问孩子画圆形的杯子里的珠子，加上画三角形杯子里面的珠子，总共有多少，然后让孩子说，一次、两次……问了很多遍以后再把刚才的问题简化，把共性的东西拿走，再问孩子○＋△＝多少？孩子就理解这个圆或三角只是代表一个存在物——代数，只是一个标签，小孩的大脑就会形成一个想法。做到这里够不够？不够，还要把这个圆拿走，再画一颗星星，问孩子☆＋△＝多少，这样孩子理解了圆形或三角是会换的，只要这个符号一贴就不一样。你有了这种直观的操作以后，孩子就能理解代数其实就是一个存在物，里面放东西，外面贴标签。孩子就知道为什么了。知道为什么和不知道为什么的孩子学习能力有没有不一样？知道为什么的，以后你无论用什么符号他大脑都会形成一个杯子，外面有不同符号，会举一反三。而不理解的呢，没有这种形象思维，一看到这个抽象符号○＋△＝5，他就只会用老师教的套路来作。一旦这个算式一变，什么星星加月亮，妈妈加爸爸就不会。妈妈加爸爸怎么会等于5啊，我只有一个妈妈一个爸爸，加起来就等于2呀，孩子就糊涂了。这就是说我们教的方法有问题。而懂的孩子就知道是两个杯子，不管贴什么标签放了珠子还是叫代数符号。这个就解释了抽象、形象之间的关系，也解释了孩子能举一反三和不能举一反三的道理。

主持人： 有这个练习的过程肯定能够帮助孩子过渡，培养孩子举一反三的能力。是不是我们在家里需要做很多很多的铺垫，然后他到小学阶段才可以很顺利直接地过渡到抽象思维呢？

蔡老师： 我个人认为"幼小衔接"这种提法是不对的，我们应该讲"小幼衔接"。虽然只是两个字换一下位置，但区别是很大的。"幼小衔接"是幼儿园迁就小学来衔接，而"小幼衔接"就是要小学来迁就幼儿园来衔接。我个人觉得，如果参考欧美发达国家的课程其实应该叫做"小幼衔接"，因为孩子从 5 岁到 8 岁抽象思维才初步萌芽，和形象思维之间的连贯还没有完全成熟。所以你看到在发达国家学校从 6 岁到 8 岁采用很多开放式的活动——活动教学，而不是只在书本上学习。什么是活动教学，就是实物和操作结合，主要就是和实操的东西来结合。这样孩子就可以把符号跟实物大量对应和丰富，最后慢慢过渡到 8 岁以后完全用符号来学习。

主持人：也就说"小幼衔接"应该是小学去迁就幼儿园，那小学在前几年级的教学模式应当很像幼儿园的模式，让孩子过渡起来才没有那么困难。

蔡老师：对，这样才合理，是顺利过渡。不是一下就走到另一个极端，而是中间有一个衔接。

主持人：蔡老师您刚说的这些都是理想状态，我们深圳可能大部分的幼儿园也就是做的都是"幼小衔接"，很多孩子在大班的时候就已经开始学数学。我们之所以叫"幼小衔接"是因为考虑到升学的顺序，也就是先上幼儿园再上小学这样一个先后顺序。家长到了这个阶段可能会很焦虑，因为不知道该怎么办，明知我们现在做的这些学习可能不适合孩子的身心发展，但是为了他能顺利进入小学不会产生挫折感，而不得不这样做。

蔡老师：我从两个方面来讲一下。其实现在已经有一些小学已经开始这样做了，比如东北师大附小，校长熊梅是留日博士后。她用十年做了一个课题叫"开放式教育"，他们从小一开始到小三，就是采用这种"小幼衔接"的模式来做的。这个课题获得了国家的认可。这是一个好消息，希望越来越多的小学这样做。不过很多家长觉得我们要进的小学不一定会这样，所以我给大家一个指导性的思想，就是家长要尽量丰富孩子这种直观性形象跟抽象之间的训练，训练的时候不要拿着作业本让孩子只看符号，应该是同时用实物演示给他看，孩子在这个过程中就能把符号与实物相结合，从而丰富对符号的理解。下面我从三门主科来解释。

首先讲数学。

数学不等于计算，一定要清楚这一点。千万不要给孩子教那种只是算得快的方法，这对孩子基本没有好处。有很多家长拼命让孩子去学珠心算之类的，这样做完全是错误的。家长要记住，进小学不是完全为了应付考试。我把这个再提高一点，我们要教育孩子让他 20 年后能够在社会上有竞争能力，再说大一点——是要让我们国家强大。这样我们必须有创造性的人才，而创造性的人才必须在我们幼儿园到小学的这个衔接中，让孩子对符号能够有更深层次的理解。这样你就会看到，看谁算得快的价值不高。为什么，因为计算机能取代人工计算。

数学是什么，严格一点讲它是宇宙万物之间的关系。首先，我们要让孩子知道生活中的数学跟在书本上学的数学之间的关系。这个回到前面讲的理论，直观的，很简单。我们三个人坐在一起有没有数学？有吧，三人之间的距离就是数学。这种数学影响了什么，影响了我们声音的大小和人与人之间的亲和度，所以做父母的要把这些全连贯起来，让孩子知道事物之间的关系，比如距离、远近、大小、轻重等。最简单的例子就是一张大一点的钞票能买的东西就多一点。这样子就是先有现实的事，然后再概括成为书本上面的数字和算式。这样一来，孩子就不是单独学习数学知识，而是先有了需要运用数学知识的情景，再把它概括成为数学知识。这样孩子就能很好地理解，这就是让孩子在做中学，先做再学。就像学开车一样，你是先学理论再去学开车容易理解理论，还是开过后去学理论容易理解理论呢？所以学数学也是一样，现在往往小学老师没时间讲这个算式与现实的联系，所以小班教学很重要。现在小学基本每班都有四五十人，老师没有精力面面俱到，去把一个题的情景说清楚，而且即便说了，可能有经验的孩子能理解，一些生活经验不够的孩子还是不能理解。老师举例说，这道题就好比你拿多少钱去买东西如何如何，可这个孩子从来没买过东西就没法理解。所以我们要多给孩子一些生活经验，也就比较容易理解。老师如果举例不够，那做父母的在辅导时不要对孩子说什么"看好，努力看，仔细看"。因为看不懂就是看不懂，再努力也看不懂的。这个一定要理解，就是要用实物、实际情景来让孩子理解。要是还没进小学之前，比如还有一年时间，就尽量让孩子在生活中注意到身边的数学情景。比如，一个杯子轻一点、重一点有什么不一样，这个东西多一点和少一点有什么不一样，这样小孩就知道原来我们生活中数学这么多。其实这个和我们学习是有关系的，因为我们一讲数学大脑中出来的就是数学题、数字，其实这个只是表达数学的一个手段。好像我们之间的距离，近一点、远一点会产生不一样的意义，近和远用什么来表达？就需要用数学的知识来表达。做家长的应该理解到学习不只是学习二手知识，二手知识对孩子是很难理解的。孩子需要发展到一个很高的高度才能利用抽象符号学习抽象符号，用抽象符号去丰富抽象符号。父母很多时候不理解，认为学数学就是学习书本上的数学，而不知道是先有身边的数学经验，然后小孩才能够理解书本上的数学知识如何应用到生活的情景里面，有了生活经验再来理解就容易了。就是说数学要在生活中学习，比如去超市、买菜都是学习数学的机会。关于数学我再讲一点，当然不仅针对数学。就是父母不要希望学习总是一帆风顺，不要说总得 100 分，这其实不是好事。好多父母看到孩子原来总是 99，忽然一次 70多，就紧张了，其实这才是好事。孩子学习就是要反反复复的，只有经过不会才能学到会，要是每一次都会那叫什么学习呢，不就没有进步么？

然后是语文。

语文学习中有两个误区，刚才数学讲的误区是珠心算那种就是把数学等同于计算。语文中的两个误区，一个是写字，一个是认字。第一我们必须理解在小学之前真的不需要学会写太多字，重要的是我们要做好书写前准备。这个书写前准备就是让孩子的手的小肌肉力量锻炼好，就是环形肌肉、虎口这个位置，如果力气不够就捏不住笔。这个可以让小孩叠被子、搓橡皮泥、折纸来练习，让孩子多用手。有了握笔的力气以后，写字还需要手眼协调，就是孩子能不能拿着笔对准要写的位置，还有就是指肚的这个捏的动作是要学习的，所以小孩拿笔要从粗到细。一开始最好用三角形的笔，因为三角形的笔容易让孩子掌握每一个手指在哪一个面，很好掌控。一开始也不要直接就写字，要画线，因为字是由线条组成的。可以通过画画来训练，比如画雨、猫的毛等。通过这些训练小孩有了一定的书写基础，再让孩子写字。

还有一点很重要，就是第一个字写什么。这个到大班就有点迟了，比如小一点的孩子写字，现在都是让孩子写简单一点的字，好像"人、口、手"这些，这样是不对的。小孩第一次写字应该是一个隆重的仪式。孩子第一天写字了，小孩最熟悉的是什么字？是自己的名字！所以第一次写字应该是写自己的名字。第一次写字这个仪式，父母把纸铺好，然后看孩子努力地把自己的名字画出来，之后就写上年月日把这张纸裱起来、挂好，这样小孩以后就有动力去写字。父母要从心里去激励孩子对写字的兴趣。以后写字就不会是一件艰苦的工作。讲一句老生常谈的话，兴趣真的是学习的动力。做父母的要记住，永远不要打击孩子学习的兴趣。宁愿花 70％的精力去培养孩子学习的兴趣，再用 30％的精力去为孩子设计一个很容易学习的方法，这个比例是最合理的。总之，小孩在语文学习中没有必要学写很多字，适当做好准备就可以，不要太在意了。

再来说认字的问题。至于认字可以在生活中认一点，但也不是太重要。其实更重要的是句子结构，这比认字重要。因为一个字有没有意义要在一句话里面体现，我们有时不知道这一个字也可以知道这一句话的意义。所以有一个很重要、很重要的活动叫做"朗读"，朗读就是用优美的声音，拿一些很好的文章读给孩子听。很多家长认为要让小孩早一点看书，这个是不合理的，因为小孩提前看书不一定能理解文字之间的衔接，小孩更多是需要看图像，因为图像对他有意义。要补充孩子对文字的能力就需要朗读。朗读还是一个非常好的亲子活动，家长找一些很好的文章用优美的声音朗读，就培养了孩子这种规范的语文的基础。朗读和讲故事还不一样。这是两个概念，讲故事是用一个情景，讲到孩子会走到这个情景里，这个情景还不一定要完全按书本的文字来表述。我们要记住，口头语言和书面语言是两种思维模式。我们讲故事时更多是用一种生动的语言去引导孩子的想象力。比如说，（神秘、紧张的语气）我们一起去探险，我们一步一步走到一间恐怖、神秘的古屋门口，是你打开门还是我打开门呢？这样的讲述就让小孩走进这个情景。而朗读就不一样，它是完全按照文字读出来，是让小孩学习书面语言这种表达方式，对句子结构的表述有一定的印象。我们知道，语句的结构大同小异，只不过换了动词、名词，这个句子就不一样，孩子听得多了，理解能力就会提高，对以后语文的理解会有很大的帮助。

语文中还有一个是拼音的学习。其实这个本来不是很重要，因为它本来只是一种抽象符号。可现实中很多小学要求入学的孩子要有一定的拼音基础，所以家长要根据实际情况去准备，因为不同学校有不同的标准。

最后是英语。

英语的学习要清楚一点，我们不是要让孩子学会很多英语，而是要掌握学习英语的能力，上小学后学英语会容易一点。学语言依靠两种能力，一个是能够模仿发音，第二点就是能够大胆去猜测，猜测这个发音与身边的情景有什么关系，从而猜到对方的意思。所以我们在孩子学习语言时更多应该是准备这两种能力同时还必须像学中文那样，必须有一定句子的结构的基础。这两个道理其实是相通的，不管是学中文还是英语，其实句子结构里面的词汇才重要。所以英语学习很简单的方法就是让孩子在某一个情景中能够清楚地表述英语。比如吃饭或其他什么时候，集中在一个情景，同样的动词名词用不同的句子结构，这样孩子学起来就简单了，这个动词、名词他很快就掌握了。换了句子结构他也能够理解，孩子就通过这个掌握句子结构，有了句子结构的基础，他再去学英语就容易多了。

但是有的家长可能不会英语，这个就真的有点困难了。利用多媒体这些来学毕竟是被动的，因为机构没有实物情景，有时候那种模拟情景很难和实物情景对应上。那就只能找一些比较好的培训班来学习了。

家长问答交流

Q：孩子坐不住，注意力不够集中，很担心孩子到小学后更坐不住。

A：坐不住就要告诉孩子，到一个集体中必须尊重一个集体。孩子6岁以后就必须知道一个集体的规则是必须遵守的。同时让孩子知道为什们要遵守这些规则，让孩子知道规则背后的意义，即让这个集体更舒服、更安全。我们教育孩子必须告诉他，既然你已经到小学了，是这个班级的一份子，就必须对集体的环境做出一个保证，其中一个就是遵守规则，不能影响别人，包括老师。让他换位思考，作为老师面对50个孩子，你想想他的工作多困难。所以我们让小孩遵守班级的规则或专注学习只是一个表面问题，更多是提升集体的归属感和荣誉感，从而使孩子愿意牺牲个人的一些利益去维护集体。如果孩子本身很想遵守只是他没办法做到，他的身体有些特别的敏感度，可能就有感觉统合失调的原因。那家长就要考虑这方面的问题解决。

Q：孩子刚上小学，有点厌学，尤其是英语和别的孩子相差有20分左右，长期如此对孩子的自信心打击很大，该怎么办？

A：一要从根本上来解决问题，一定要让孩子在学习上有所提高，这确实是一个很残酷的现实。做家长的必须对症下药，找找他是什么原因学不好。没有一个孩子会想从小学开始就做个坏孩子，做个从不想学习的孩子。所有孩子从进小学第一天，不论他在幼儿园被人贴上了什么负面标签，他都想做一个好孩子。但为什么有的孩子很努力地学习还是和其他孩子有差距呢？这个就涉及理解能力的问题，家长需要对症下药，看是哪一个学科、哪一部分他不理解，然后用不同的实物情景用各种方法帮助他理解，让他能够进步。一有进步就表扬孩子的进步，让他重新建立自我形象，在进步中重新找到学习的兴趣。

Q：我并不是十分看重分数的家长，但是进入小学后必然要面临竞争，包括竞争当班干部等，我到底应该教育孩子争强好胜还是让他淡泊名利呢？

A：我觉得父母不应该教育孩子该怎么样，应该是让孩子在环境发挥，引导他思考想怎么样做。一个新的环境我们不要评价是对还是错，所有环境都是给孩子一个磨练、一个挑战的机会，就像我们总说我们的教育制度让孩子很累，其实这也是一种磨练。所以这个问题这样看，一个制度的形成有它的原因，既然有大部分孩子在里面能适应，为什我们不让孩子知道，我们就是一个要克服困难的人，就是要解决问题的。我们改变不了世界，我们只能改变看待这个世界的心境，这样孩子就从小具备这种克服困难的内在能量。以色列和北欧的教育为什么强大，因为他们从小就是培养孩子内在力量的强大，从小就让孩子去克服困难，让小孩觉得我就是能够战胜问题的、不怕困难。有了这样的内在力量，那孩子和别人比分数就去比，争取干部就去做好。小孩会知道他要在这个集体中建立自我形象，不可能独善其身。就像我说奥特曼，单独来说它对孩子影响不好。但是当全班孩子都认识奥特曼，你的孩子就不能不认识奥特曼。因为这就变成一个社会性的问题，不认识奥特曼就成为一个另类了。

Q：孩子写作业时总是磨蹭，孩子写作业一定要陪着吗？

A：孩子为什么磨蹭，还是要回到根本原因，其实就是不好玩、不想做。孩子进入到小学我们不能够再一味迁就孩子。当孩子进入小学，或者是进入幼儿园大班，其实应该从孩子出生就让孩子知道，我们生命的价值就体现在克服困难。这个写字困难，那就要让孩子知道我们要克服这个困难，只是我们要给孩子支持，给他爱的支持，给他能量，让孩子知道人生就是要克服困难。

三、乔布斯的能力可以这样复制（这是最深的内容）

学习能力是什么？大家知道乔布斯吗？乔布斯和做三聚氰胺牛奶的人有什么相同的地方？美国出了乔布斯，他的创造性思维是一流的，我们中国人的创造性思维也不错啊，我们也出了三聚氰胺放到牛奶里面能检查过关的人。我们先不要评价对与错，单说创造性能力，其实中国人的创造性也不错（当然三聚氰胺事件严重违背道德标准），这两者之间有什么相通的地方？我们的传统教育一直在说学知识的量，我们拼命学很多很多知识，你有没有想过知识的可使用性，你学这些东西能不能用到？什么情况下能够让你的知识用起来？在中国的学习，我们的知识只有在一个情况下能用起来，那就是考试。除此之外，书读得越多的人，反而知识可使用性越低，为什么？我想通过乔布斯和三聚氰胺来分析知识的"可应用性"。我们大部分的人知识绝对不会少，如果你的知识能充分调动、可使用出来，绝对够你现在用，问题是为什么你的知识调动不起来？

当做牛奶的人需要检测蛋白的时候，他就想我怎么能够既不放牛奶又能骗过蛋白检测呢？这时候他大脑里突然想起三聚氰胺里面也有蛋白啊，他找到了共性，这个共性就让他把原来的知识调动起来，迁移到这里来解决这个问题。

乔布斯面对的问题是怎么样能够做一个所有人都愿意买的东西。于是他开始构思，现在大家手里有听音乐的东西，有打电话的东西，还有掌上电脑，为什么我不能把这三样东西组合成一件东西呢？于是就创造了新产品。

知识的可应用性，首先是可索引性，即你本身的知识有多少索引，索引越多，能找到的几率就越高，就像字典前面的索引一样。其实我们习惯把物品分类反而局限了知识的可索引性。举个例子，比如说女士把衣服按季度来分，这样一来本来可以把秋天跟夏天的衣服搭配在一起，但有了这个分类，就没办法实现了。如果衣服放在一起，可搭配性就大了。把东西进行分类的缺点是局限了一个物品与其他非同类物品的可组合性，而过早分学科的教育会局限孩子认知之间的可组合性，因为局限了孩子学习知识的索引，这是数学科，那是语言科，于是就局限了跨学科知识运用。

（一）学习没有分类，组合就可能乱套了

你可能会说，"蔡老师，那我们什么都不分类好了。"这是另外一个问题了，如果物品不分类，储藏量就会不多。为什么储藏量不多？东西一多，你没有很好归类，可储藏性就不多。相当于衣服没有分类，就不可能按照情况压缩储藏暂时不需要的。

所以我们是希望知识有效分类，不是唯一的学科分类，而是多种分类。孩子学东西时，每一个知识点都有很多种分类，而不只是局限一种分类。我们学知识不只是为了考试时调动出来，每一种知识都有多种不同的意义，意义越多，可调动出来的就越多。

怎样才能让知识产生很多的意义呢？举个例子，我参加一个活动，很多人打电话问工作人员交通路线怎么走。我们有一个工作人员不会开车，从来没有来过龙岗（会场所在地）。我把交通路线写给他，说"很简单，你告诉打电话的人走水官高速，去北通道，在龙坪路靠左过去凤岗就是了，有没有问题？"他说，"没问题，我按照这个说。"结果，第一个打电话的人问"我现在广深高速，怎么过来"，他说"你去水官"，对方问"怎么去水官"，他说"我不知道，我不会开车"，所以他根本就没办法回答新的问题。一个从来没有经验的人，他的能力只能够复述答案，根本没能力解决新问题，只要问题超出了考题他就没办法应付，所以他的能力只局限在已经开车到水官高速的人，他解决问题的能力只有这么多。还有一种人虽然从来没到过龙岗，但他有着丰富的经验，所以他基本上能够通过开车经验预测会发生什么事，也就是说他没有直接经验，但有相关经验，通过相关经验他能够推理到共性，达到解决问题的目的。第三种人是对龙岗周边很熟，怎么问他都能回答。

从以上例子可以看到，直接经验很重要。有经验的学习跟没经验的学习，哪一种更能够让一个人解决问题？当然是有直接经验的。你可能会说"很简单啊，蔡老师，我们给他直接经验就行了"，道理是对的，我们要给孩子直接经验，直接经验是最好的，问题是人生有限，所以你只能选择一些有价值的直接经验，然后通过这些直接经验能更有效地学习。

（二）解决新的问题才能真实反映学习能力

学习最终的目的是解决新的问题，这种问题不单只是在工作上，还有人生道路上的问题，比如人为什么存在？

学习就是为了解决问题，人跟动物的最大不同就是人能够不断概括问题，再去解决新问题。人的最终价值就是解决问题，而不单只是为了能够进小学、读中学、读大学，当然最好是两者都能兼顾。

我们去比较一下那些有解决新问题能力的人，用西方乔布斯和中国三聚氰胺来举例，先不说对或错，两者都很有创意。比如我是做牛奶的，检测局要检测蛋白，蛋白高才能通过，我又想偷工减料，但我绝对没有本事想到三聚氰胺。为什么在中国书读得越少的人，创造能力越强呢？这是事实，越没有受过正规教育的人，他的创造能力越强。

为什么呢？因为他们的知识没有分类，没有受限于知识跨领域的运用性，所以他们敢于大胆去用。反而书读多了，在幼儿园就开始分类了，这是语文科，那是数学科，超出了不敢用它，所以说单一分类是不对的。

（三）丰富对原有知识的不同演绎，是提高学习能力的最有效方法之一

什么叫认知？认知就是构成知识的所有经验。如果孩子没有受过正规教育，所有认知是游离的，是自然人随机归纳的分类。相当于一堆的衣服全部放在大桌子上，这样的话搭配衣服时很简单，可以直观看到，没有读过书、没有受过正规教育的人，他的认知是游离的，没有严格分类的，这个知识可以跟那个知识搭配在一块，他的知识可灵活运用性就比单一分类的人多。

读了书的人，就会按照书本教育，例如把春夏秋冬的衣服分别装起来，到了冬天的时候只拿出冬天衣服，其他季节的衣服收起来，结果只能有冬天衣服可以搭配，因为你是用单一标签。如果你是一个很有钱的人，买了一套大大的房子，首先第一个分类是春夏秋冬，第二个分类是鞋子，第三个分类是皮做的，第四个分类是布做的，既有材料分类，又有款式分类，还有颜色分类，这样跨季度分类，你的可搭配性就又提高了。

可能有人会说，"蔡老师，哪有这么麻烦，你把全部衣服平铺出来就可以了"。平铺的问题是容量没有分类叠起来的大，如果你能够叠起来，储藏量就比没系统性分类的多。

为什么中国工人给一台苹果机加工拿两块钱，老外赚几百块？我们中国商人只是赚工人的血汗钱，有本事就反过来，让老外去赚两块钱加工费，我们自己赚几百块。很多企业我是看不起的，有本事就从老外手里赚更多钱，让老外帮我们加工。但要做到这一点，光说没用，一定要从教育做起，要从教育孩子、教育你们自己做起，你们一定要做

有本事的人，把你们的知识调动起来，你们要做有创造性的人，思维要开阔，最后也就知道怎样给孩子最好的教育，让孩子做一个有创造性的人。孩子的教育就是在学习中怎样给他更多分类，当然直接经验很重要。

但是我们没办法做到所有具体的事都让孩子直接经验，那么怎么样才能让孩子更有效建立经验？不同年龄的孩子是不一样的，大部分成人可以通过二手知识重新来整合你的二手知识。举个例子，你们怎样能够立即提升原有的知识？假如你们能够把已有经验的可使用性放大 5 倍、10 倍，就根本不用再去学新的知识，因为新知识自然会黏合进来。就像做销售一样，开发新客户还不如在老客户里做工作，然后老客户就会带来新客户。怎么样才能把原有知识的放大？只要把知识的可应用性再增加分类就可以。还是举衣橱的例子，假如你现在学会了我教的知识，你重新为原来的服装做分类，衣服的可搭配性就立即递增。所以你要做的是不断地理解每一点知识后面的意义（可以说是新的分类、新的索引）。然后再用这个索引把原来的知识重新增加标签，能够做到这样，学习知识和运用知识的能力就会大大增强。

（四）让孩子养成问"为什么"的习惯

这是学习的习惯。我有一个朋友，他老婆蒸鱼蒸得很好吃，我经常去他们家蹭饭吃。他老婆蒸鱼有一个习惯，把鱼尾巴折断。我每次去吃都很纳闷，一条鱼蒸的好不好吃跟尾巴折断有关系吗？我怎么想都没有办法想通，后来我问她，"你为什么把鱼尾巴折断"，她说"我不知道，我跟我妈学的，我妈就是这样蒸鱼的。"她母亲跟她住一起，我就问她妈，她妈，说"我也不知道，我也是跟我妈学的。"终于有一天我见到她外婆，结果她说，"我们小时候家里穷，锅只有一点点大，鱼放不下去，必须把鱼尾巴折断才能放进去，我女儿也是这样学的，后来家里的锅大了，可能她也没理解，还是继续把鱼尾巴折断。"

我举这个例子，是想说中国人学习有一个习惯，这个习惯跟我在美国看到的有很大的不一样。我在美国生活的时候，两个朋友去快餐店买饮料，服务员给我们两个杯子是不一样的，他还要跟我们解释，"这个杯子是上一批杯子最后一只，那个杯子是新一批杯子的第一只，所以两个杯子是不一样的，如果你有意见我可以换一样的给你。"你想一想，去快餐店买饮料，两个纸杯不一样他都会跟你解释为什么，可是在中国，有的给你喝就算了，根本没有那么多为什么。

在美国或者欧洲都有一个习惯，做什么都会解释为什么做，让你知道这件事背后的道理和意义。回到国内我最不习惯的就是我聘的员工、老师，我跟他们讲，"老师啊，你做这件事首先要考虑这个，这样做就是因为这个"，老师说，"蔡老师，你不用跟我讲那么复杂，你就跟我讲该怎么做，你告诉我一、二、三，我就一、二、三，你别跟我解释。"回国这二十多年给我最大的冲击是中国人很喜欢做生产线的工人，中国人习惯了从小听父母，大了听老师，再长大听领导，基本上都不问为什么，你吩咐我，我就干活。就因为这种习惯，导致中国人没有办法为一些认知产生很多索引，导致中国人没有创造能力，没有解决问题的能力。就像一个故事，有一头小象被猎人抓住了，猎人把它绑起来，这头象很小，一直挣不脱那条链，它就不再挣脱，后来它长得很大了，只要脚一抬链子就断了，但它已经不再挣了，因为它已经形成了习惯，不再去问为什么，这就是中国人的悲哀。

所以你们要提高自己的认知，提高认知的可使用性，要在学习中形成习惯，每一件事都问为什么，了解后面的意义，然后创造你们自己的方法。方法不要墨守成规，一定要与时俱进，因地制宜。不断创新。习惯对每一件事背后的意义敏感，对每一件事背后的道理要了解。如果每一天、每一分钟你都在思考，你的经验就不再是在真实中形成，而是在想象中形成，不需要再花时间去开车走龙岗，你会知道为什么这条公路这样修，它的目的是什么，这样就可以推导这条公路是怎样走的，通过这个形成很多不需要实践经历就产生的经验。经验的提升，最有效是直接去做，但这种有效性是低效率的，所以你要通过了解每一件事的意义，从而产生经验。虽然这种经验不是直接的，但这种经验跟直接经验是相通的。

举个例子，一个百货公司，一楼放什么？一楼一定是放化妆品，小孩子的产品放在哪里？一般是七、八楼。为什么？因为化妆品是冲动购买，而小孩子的用品是必须购买。

有的人不理解背后的原因，会说"所有百货公司都这样，我也这样"，我认识有一家搞百货公司的老板稀里糊涂跟人家这样做，但完全不行，为什么？因为他没有了解后面的道理，只是盲目抄袭，结果效果不好。

如果理解了这个道理，你就知道冲动消费的产品就要放在门口，目标性消费的产品放在里面。超市也一样，油、米肯定放在最里面，因为你不会无缘无故去超市买两包米，肯定是家里米快吃完了才去买，而且是一定要买的。所以超市前面肯定是冲动性的东西，比如巧克力摆在门口，付钱时会看到巧克力，促使你去买。所以只有了解事物的本质才可以迁移和灵活运用。

明白这个道理以后你就可以迁移，比如你是做幼儿园的，就可以把必须学习的放在里面，引导性学习的教具放在外面，理解了这个道理以后你就会把过去所有跟这个相关的经验全部重新分类，你的可应用性就会大不一样。

所以一定要培养孩子问"为什么"的习惯，教育就是培养思考，孩子习惯不断思考能力，等于不断重新去整理和丰富原来的认知。还有一点，胡思乱想也是很有用的。比如，你的衣服是按照春夏秋冬摆好，但你在大脑里能不能把它打乱重新再分？可以，为什么可以？大脑形象思维可以突破真实中不能做的事，而真实经历需要的成本是很高的。通过想象，我能够坐在星巴克一边喝咖啡，一边想家里的鞋子假如全铺出来，再把裙子全铺出来，不受春夏秋冬的局限可以怎样搭配，这就叫形象思维。所以，问为什么和通过想象来回答为什么是一种很好的学习习惯。

（五）形象思维是学习二手知识的基础

如果你希望你的孩子是一个学习能力强的人，基础的知识索引就必须多，以后用来学习的几率就高。举个例子，我肯定妈妈们学新款服装的知识一定比我快，因为你们的认知基础比我强，你一听到 LV 刚刚出来一款新包，对我来讲只是一个新包，但你一看到这个新包就会立即把衣橱里所有衣服想一遍，这个包该跟哪件衣服搭配，这就是认知，新的认知能够提高你的旧认知。

接下来再讲孩子，为什么我们会有幼儿园？为什么我们会有幼儿教育？为什么我们不把幼儿园变成小学？因为幼儿学习跟小学生学习是两种学习模式。幼儿的学习一定是通过直观学习，摸到、碰到来学习，然后能够在大脑里形成记忆，这就叫做形象思维，最后才能够以一个抽象符号概括。比如我说"苹果"，"苹果"这两个字就是抽象符号，一听到"苹果"你们想到什么？你想到就是一个圆圆的红色的东西，这是你对"苹果"这个抽象符号带动的形象记忆。如果你听到"苹果"只是想到一个形状、一个颜色，你用"苹果"这个字去理解、解决问题的几率就低。假如你一听到"苹果"，大脑里立即产生苹果的味道，青苹果、红苹果、富士苹果，苹果多少钱一斤，现在苹果在哪里种出来，咬一口苹果的口感，苹果闻起来什么香味，这个香味跟妈妈的香水是一样的香味……那么相对于听到"苹果"只是脑海中冒出苹果的形象，哪一个能够让你用"苹果"这两个字学习解决更多问题？肯定是越多联想越好。

再深入分析之前讲过的一个例子，教小孩水果有两种方法，一种是很多家长喜欢的，"小朋友，这个叫 Apple，A-P-P-L-E"，"小朋友，这个叫 orange，O-R-A-N-G-E"，小朋友回家后跟妈妈讲，"妈妈，我学了水果英语"，妈妈很高兴，到处跟邻居朋友讲"你看，我孩子会讲英语了"。另外一种是老师把苹果放到袋子里，让孩子伸手进去摸，摸的时候老师引导他"你先摸一下苹果的皮肤"，摸完以后要不要孩子说？有没有听过一句话"只可意会，不可言传"，知识不只是文字和语言的。还记不记得你第一次牵你的男/女朋友的手，你还记不记得那种感觉，能说出来吗？你可能兴奋到只能用唱歌、喊叫来表达，我们现在就是太过把知识局限在文字和语言上了，忘记了原来知识还有方方面面的感知、感受。所以你要想做一个高级人才，把感知觉通过音乐来表达，而不是通过文字来表达的，就不能只是把认知局限于文字和语言。不是说文字和语言错了，而是不能只局限在文字和语言，让孩子能够用心去摸，很细致地触摸，形成摸下去的感觉，那种感觉是没办法表达的。

有一天假如你的孩子要做一个沙发，这个沙发的面就像他捏一块棉花的感觉，这个感觉只能通过手来做。你知道爱马仕、红酒杯是什么做的？是人手做的，为什么用人手做？因为没办法用机器做出来，最高档的东西、最好的东西只能通过手感来做。这个世界最贵的鼻子是闻香水和品红酒的鼻子，鼻子买保险是以多少亿来计算的，因为他闻的感觉没办法用机器来取代。我们要让中国人往上走，走到这个世界最顶端，就必须要跳出知识只是文字和语言的局限。幼儿园的时候只是局限在文字和语言，你的孩子以后永远只是生产线上的工人，如果你能够让孩子从幼儿园开始感知觉充分发展，而且这种感知觉是内在在心里面的，有一天这种感知觉就会让他变成这个世界上最高端的人才。

孩子摸摸苹果，看看颜色，拿出来咬一口，最后老师告诉他，这个就是苹果。孩子回家后跟妈妈说，"妈妈，老师教了我苹果"，妈妈说，"苹果是什么"，"哎呀，说不出来"，妈妈说"这是什么老师啊"，回去找老师算账，"老师是怎么教孩子的，什么都没学会，你看看人家一堂课学了三五个水果，还会英文。"希望这样的情景以后不要再出现了。

（六）美国学校是这样教孩子的：通过动手操作先进科技，体现直观、形象和抽象思维的各种转换

首先每个孩子要选择一种他想研究的动物，是孩子自选，不是老师告诉他要研究什么。例如这个孩子选择的是海豚，他选择了就有兴趣主动去探究，所以自主性很重要。如果你的老公/老婆是你自己选择的，你绝对会克服困难跟他建立感情，如果这个老公/老婆是父母给你指定的，一出问题你就会去找父母，"你看，这就是你帮我找回来的"，这就是自主和非自主的区别。然后孩子要以三种来源，例如书籍、杂志、互联网，寻找有关这个动物的资料。

有什么工作要解决问题之前不是先搜集资料呢？不论你们在什么单位、什么机构，解决任务的第一件事就是找资料，所以从小要培养孩子这种思维习惯，解决问题之前先找资料。当然，通过不同渠道找相关资料，找回来的资料还是原始素材，还需要加工。

寻找到的资料要以打印、抄写、复印等方法复制副本，复制副本后综合所有资料，以完整的句子在每一张记录卡上记录一件关于这个动物的事情。找了资料回来，再把这些资料分类索引，这就叫记录卡，英文是"index card"。美国人每一次学习都告诉孩子你一定要为这个知识制定一个索引卡，是有目的地制定一个索引。从杂志、互联网找的资料是散的，要在每一张记录卡上把有用的东西抽离出来，资料是散的，必须你有目的性才能够有效地把记录卡分类和排序。我们说的是5、6岁的孩子，5、6岁孩子就要习惯找资料、排序、分类，并且有目的性地装订这些资料。

装订后继续用编辑技能，用电脑做一个有关动物的文件夹，然后 Word 书写关于动物的故事，找了资料后要用，故事打印后装裱在黑色的纸张上，利用纸盒制作手工立体劳作，研究自然的六个元素，土地、空气、水、人类、植物、动物之间的关系。老外经常讲"Relations"，物品跟物品之间的关系，老外很少跟你讲单一物品，而是说两件事之间的关系。其实这个概念是来自中国的，全世界最抽象的书是《易经》，双鱼图从阴到阳，极阳自然产生阴，极阴自然产生阳，这也是自然生成的。中国的阴阳解释了全世界，《易经》概括了全世界所有的东西，可惜中国人不用，被老外拿去用。

接着孩子制作一件有关海豚的劳作，这个过程很有学问。小孩要先找资料，分析资料，然后再把资料有目的地整理成文字，再用美劳制作一件实物出来，就是把这个东西从抽象符号回到直观形象，这些信息之间的互动来来回回重组，孩子就能够把抽象符号重组。我们习惯为了学习抽象符号而学习，他是把抽象符号分解、重组，再用它去制作。做完以后，小孩还要用 PowerPoint 制作不少于五张幻灯片的报告，并且演示给家长看，他同时学会用 Google、Yahoo 寻找网上资源。他们学期末报告的时候，家长坐在下面，孩子站在台上，用 PPT 展示他做过的案例，对所有家长说自己研究的过程和成果。当我们的孩子还在训练跳舞表演的时候，美国的孩子已经在做这些事了。所以我经常痛斥中国的教育是落后的，而且非常落后，不是一般落后。

最后，老师帮助孩子把 PPT 做成副本给家长，所有作品陈列在课室内外给大家参观，这就是美国人的教育。

这一节的总结

这应该是最深的一部分内容。教给大家的都是知识的有效性，怎么能够学到很多知识，而且能用起来。例如提到可索引性，可索引性只能通过大量的经验，但这个经验不一定是直接经验，可以通过大脑的思考产生经验，通过增加新的符号产生新的经验，在这个过程中孩子的知识就可以灵活使用。美国人带给我们的启发就是原来美国人比我们做得更先进，他们让孩子从直观东西分解抽象符号，再重组抽象符号变成直观的东西，以此来提高孩子对抽象符号可应用性的训练。在这个过程中同时培养了孩子的学习习惯，即收集信息、分解信息、有目目地重组信息，再用这些信息去解决问题，这就是有效解决问题利用信息的方法。美国人不单只是为孩子增加知识的可索引性，还教育孩子怎么样去有效利用知识解决问题。法国人的思维很不一样，他们的设想是人类到现在发明了种种思维方法，我们就把这些思维方法设计成直观的游戏，通过直观游戏培训孩子形成思维模式，产生思维的能力，这样孩子就提前拥有思维能力，从而能学习更多知识。

讲到这里，你们就很明白，幼儿园提前教孩子认字，让孩子学习书本的东西有多荒谬。我去北京看到有一个幼儿园教小孩认字，他们有一些督学，这些督学会突击检查这些幼儿园的认字水平。比如孩子刚刚从滑梯下来，督学就抽出一张字卡，问"什么字"，孩子要说出来，说不出来老师就要被扣钱。孩子在吃饭，督学也会抽一张卡问"什么字"。他们说"早认字，早学习"，这简直是最无知的道理，认了字就会理解文章吗？老外学习什么？老外学习思考模式，什么是有价值和没价值的？拿珠心算来说，珠心在以前算是有价值的事，因为那个时候计算机不流行，但现在就完全没价值。是否有价值要因地制宜，与时俱进。道理是永恒的，方法一定要创新。

四、蔡粉如一妈妈的学习体会

一年前，我的孩子 2 岁 8 个月，正处于顽皮的时候，常常气得我忍不住对着他吼几声，或者屁股上打一巴掌。比如，孩子看着自己的玩具被别的孩子玩，为了守卫自己的玩具，上去就打人家，或者看到别人的玩具好，她也通过打人去抢过来。我觉得不仅别人会觉得我家孩子没教养，长期这样下去，孩子必定被人排斥，没有伙伴。我当时的方法就是对孩子说，"不要抢玩具，把玩具给××玩。"实在不行，只有出手。可是吼过打过孩子后，看着孩子委屈的脸上满脸的泪水，我后悔又不舍。

其实我在教育孩子的方面，一直是个认真但又茫然的家长。看书，上论坛，也经常和有同龄孩子的家长交流。后来在一个小区朋友的推荐下，我开始学习蔡老师的全新理念和方法，并加入了蔡伟忠老师幼儿教育2群的QQ群。

这一年里，我学习了蔡老师很多不错的教育理论，以及很多具有可操作性的方法。比如对待孩子打人的问题，家长如何用语言引导孩子，采取什么样的办法等。

在这一年里，我的孩子在我充满理解的母爱之下，性格开朗、热情，又不失调皮，但在行为习惯上，慢慢向着良好的方向发展。老师说，她在幼儿园是大家的开心果、小天使。她常常抱着我的脖子说：妈妈，我最喜欢你了，我最爱你了。我心都醉了。

我自己在这一年里，逐步学会体察孩子的心理，也教会孩子体察别人的心情；我不把孩子当作小猫小狗，而是一个有思想有感情的人；我在纠正孩子的一些行为前，会先反思一下，是不是我，或者我身边的家人、邻居、朋友、孩子有这样的行为，从而影响了她，我要怎么改正，怎么让我身边的人也意识到这些问题。同时，在教育孩子的过程中，我也在学习和进步，我变得更勇敢坚定，也更宽容，这对于我的家庭和工作也有很大的帮助。

先说一下我记得最清楚的一件事情吧。看看我是怎么运用蔡老师的方法的。

昨天晚上送给她一套新的奥尔夫乐器，她很喜欢，一下子据为己有，不让我们其他人碰。我想拿起一件和她一起演奏，她说，"不要妈妈玩，我要把你揍得扁扁的，扔下楼去"，说这句话的时候，还用手指着我。当时我就不玩了，我站在一边，表现得很生气，一直看着她。她就去扭我的脸，不想让我看着她。

我实在很生气她用手指着我的这个动作，想发火，想教训她，但当时我忍住了，我先到一边去，自己冷静一下，

后来给女儿洗澡的时候，我跟她说：妈妈想和你说件事情，刚才我冲你发火了，你是不是很生气（这就是同理心），她点头。我又说，那妈妈要跟你说对不起，妈妈不该冲你发火。可是你不让妈妈玩，我很伤心，一会儿我们洗完澡，妈妈给你找音乐，我们一起玩，好不好。她想了想，点头了。

我还对女儿说，我不喜欢她用手指指着我，这让我很生气，我觉得这样的动作很没礼貌。我说，你不高兴，可以大声说出来，可是用手指指着别人，会让别人很生气。后来洗完澡，放着音乐，我们娘俩一起在床上玩奥尔夫乐器，由女儿决定给我哪个乐器，然后我带着她，跟着音乐，找节奏。

蔡老师的《唠叨以外的教育法》，我买回家来，仔细拜读。在书中，有关于家长如

何和老师沟通的建议。其中一个方法是通过书信的形式，以给孩子说话的方式，告诉老师家长的想法和孩子的表现。这个方法，我用得比较多。女儿所上的幼儿园，有一本类似于家园联系桥的册子，每两周发下来一次，请家长记录孩子在家的近况，我就充分运用了这个方法。

下面附上我写的其中一次。

如一小朋友：

妈妈在最近半个月内又看到你不少的进步哟。先表扬一下。

在家吃饭时，你遵守了和妈妈的约定，吃饭的时候不看电视和电脑上的动画片，而且大部分时间，你愿意坐在餐桌上吃饭，嗯，表扬。不过呢，如果你再多吃一些，而且面条和米饭、肉、青菜，你都吃一些，这样身体就会更健康，不会生病，不用打针，而且会长得高高的，很快就会长成一个大孩子了。

每天10点前按时睡觉，早晨7点15按时起床，你也能做到，妈妈觉得可真是守时的孩子。可是呢，妈妈觉得如果你总是早晨一睁开眼睛，就很开心地穿上校服、袜子和鞋子，并且不会缠着妈妈给你讲故事，就更好啦。妈妈知道你很喜欢看书、听妈妈讲故事，可是妈妈不是和你打勾勾了吗，讲故事要在晚上洗了澡后，因为早晨时间太短，如果你要妈妈讲故事，那早晨上学迟到了，就会吃不上早餐，就会饿肚子的。而且妈妈上班也会迟到。

你还帮爸爸洗袜子了，我们的女儿长大了，会帮爸爸洗袜子了！有你这个女儿，爸爸妈妈觉得太幸福啦。你说你爱爸爸，爱妈妈，爱奶奶，爱何老师，爱黄老师，爱阮老师……嗯，我们所有人也爱你哟。

有一天，你回家和妈妈说：妈妈，我今天哭了。妈妈问你为什么哭，你说你想找奶奶，要拉巴巴。那妈妈要告诉你，你如果想上厕所，可以找老师的。老师不会觉得你拉巴巴是很恶心的事情。你可以说，老师，我想拉巴巴，你可以帮助我吗？

你和妈妈说，你现在不和小朋友抢玩具了，玩具要轮流玩。妈妈觉得，宝贝愿意分享了，这样大家就愿意和你玩了。如果你想玩别的小朋友手里的玩具，你可以问小朋友，"可以让我玩一下吗"，如果小朋友不同意，那你就找别的玩具玩。玩具是大家的，我们一起玩，一起分享，是不是很开心呀？

我想你的小手一定很好吃，是吧？妈妈经常看见你把小手放嘴巴里咬，指甲都咬下来了，你是不是很疼呢？如果你觉得疼，那就要提醒自己，我不吃手，我去和小朋友玩。

亲爱的宝贝，今天先表扬到这里，过半个月，妈妈再来看你又有什么进步，好吗？

第六章
蔡氏教育法理念和方法

一、蔡氏教育法 21 招

（一）蔡氏教育法概述

在过去 30 多年的教育工作中，我经常对比中西方的教育观念和方法，也不断思考什么才是最适合当代中国的教育方法。最后我结合中西教育精髓，建立了蔡氏教育法。

教育首先要有目标，教育即最终受教育者得到什么。结合古今中外的各种教育哲学和我个人的经历，我认为教育的最终目标是"受教育者可以通过不断打造自身的幸福人生，更好地延续人类这个物种。"

什么是"自身的幸福人生"呢？在社会各种阶层中兜兜转转这么多年后，我总结幸福人生源自三方面：和原生家庭的情感，自身家庭的情感，和家庭以外群体的情感。这三方面的情感得到满足，自然会感觉幸福。

那怎样才可以在这三方面得到"满足"呢？不管是哪一方面道理都一样，首先是在该集体获得安全感，然后是归属感，最后是荣誉感。安全感源自该集体给予个体的关心和情感支持，归属感源自对于集体的参与度，荣誉感源自为集体建设（贡献），延伸到最后便是更好延续人类这个物种的结论。

原生家庭父母对孩子情感循序渐进地了解和支持，决定孩子从原生家庭获得的幸福指数。自身家庭的情感建立在过去很大部分决定于一家之主的成长经历，当然现在可以通过自身学习而调整。

除了原生家庭和自身家庭，每一个人都需要和不同的群体打交道，而自身知识和能力决定了在群体的归属感（认同感）和荣誉感（贡献能力）；内心能量强大决定了在不同群体的学习能力（解决问题能力）；人格的健全决定了在各种群体中的适应能力。而这两项恰恰也是决定于童年成长的环境。所以幼儿教育对一个人的影响是一生的。

（二）蔡氏教育法是中西教育精华的结合

道理很简单，但是实际操作就需要很好的心理学、教育学和社会学的基础。西方是打造个人集体意识，然后无限扩大个人的发展空间，最后回归集体的利益。

中国传统是打造从上至下的计划性教育体系，基础是"上为仕"，就是假设上层的都是高品格的仕。可是由于历史原因，这种体制往往变成欺凌弱小、贪污腐败的温床。

西方的价值观是西方人的，西方政权骨子里是霸权主义，唯西方独尊。我认为西方对人类整体价值观的文明等同于中国元朝年代。中国自明朝开始就讲究"教化异族"，所以中国人传统都是对外人大方，对内苛刻。

真正体现中国文化的是易经，中国大部分教育学说归根结底都是易经的整体平衡论。就是考虑方方面面的平衡才决定下一步的方向。西方是考虑单一的价值取向。例如西方认为"孩子为中心"，但是我认为应该以"集体和谐的中心"。所以我对现在国内很多盲目复制教育体制的同行很有看法，有一些就是盲目要幼儿背诵国学，有一些就是把西方的集体基础里的自由演绎成为无限放纵，我认为这些都是对教育没有深入研究的产物。

蔡氏教育法最大的特点是：价值取向以中华文化的整体平衡为标准，而以西方的心理学和教育学为实践手段。

（三）蔡氏教育法价值取向的平衡图表

源自太极图

相对平衡范围

为了容易理解，简化为矩阵图。

纵横线代表了两种对立力量，例如"孩子满足大人要求"和"大人满足孩子要求"的度，两者都是比较平衡的交叉点就是一个合理的范围。这样判断教育方法才有一个多维度的考量。采用这个图表作为判断的指引是因为今天社会比从前复杂，采用单一维度的思维容易流于极端。就像我们希望在孩子白纸一张的时候，通过身教，以自身作为榜样，让孩子模仿学习。这样孩子从"完全没有意识"从而建立了正确的价值观和行习惯。这就是我们最理想的！

可是，事实上，这种理想是不可能达到的，因为除了父母之外，孩子的周围还有很多影响他的隐性教育，电视节目、周围的小朋友、幼儿每天可看到听到的……例如，看暴力动漫对孩子肯定有不良影响，可是假如全班其他孩子都有看，你的孩子就不可能独善其身。

（四）蔡氏教育法的两个阶段目标

1. 建立健全人格： 自主的真我和正确集体意识的心理元素。首先童年必须是真实的人格表现，不虚伪。或者说，小孩子不用像大人这样带着面具生活。一个敢于真实表达自己的人，一个想说什么就说什么的人，他的自我形象就获得了正面的建立。比如说，你天天上班，看到领导，心里面就咒骂他，但嘴上说，你真本事。假如你天天这样带着虚伪的心、虚伪的面具去干活，这对自己的形象是好还是不好？肯定不好。因为你根本就不敢真实地面对别人。你的自我形象就很低落。

什么叫正面形象呢？正的，是强大的。因为正面形象强大的人，敢于以真实的我去面对所有的人。很多人喜欢打肿脸充胖子。我有一个朋友，家里面真的不怎么样，但每一次吃饭就抢着买单，为什么这样子呢？他就怕别人看不起他，所以每一次都要去买单。家里面的房子破得不得了，还要买一辆宝马，为什么呢？因为他身边的朋友都有钱，他很怕别人看不起他。所以，他的自我形象低落。他在那些人面前，要冒充成跟别人一样，不敢以真实的自己面对别人，需要通过包装去满足在群体的认同感。

所以，我们要建立自我形象，敢于以真实的我去跟别人打交道，这样人的心理才健康。心理健康了，才能够去面对这世界上的挫折问题。所以给孩子一个真实的童年，首先就是要打造孩子能够以真我去面对这个世界的环境，不受约束，他的自我形象在这个过程中就能够建立起来。要是他从小就被约束了，那么他的人生就无法通过自我行为来表达。

2. 自律、自学、自觉的学习习惯： 良好的形象思维发展，良好的感觉统合发展。孩子的童年无拘无束，他的自主性就获得了提高。他想做什么事，只要不影响别人，就可以去做。他搭建这个积木，怎么搭建都可以，他的自主操控就获得了满足。以后长大了，他的自主学习对身边事物的敏感度就会提高，在这些自主经历中，形象思维和感觉统合的能力就获得比较好的锻炼。因为孩子是通过直观学习的，没办法通过文字来学习。比如说，你跟三岁的孩子来讲，你们两个要互相礼让，要有感恩的心。一个两三岁的孩子根本听不懂。他只会重复直观行为，了解表面的意思。所以，他必须通过许多直观操作，建立基础经验，从而发展认知。孩子要是没有幸福自主的童年，他就不敢探究，如果孩子没有自身的经验，他就不能有效地学习。

（五）蔡氏教育法 21 招

1. 正确方法示范法（适用于行为改正）

父母要不断提醒自己，孩子在模仿中学习，孩子不是学习你的"说教"内容，而是模仿你教育的态度和方法。正确方法示范法就是假设你是孩子，当你遇到什么事情，你怎么做。用行动直接示范正确的做法。只做正确的，不重复错误的行为。例如孩子在餐厅跑，不是强调别跑，而是和孩子一起"慢慢走"。这个方法经常要和"温柔的坚持"一起使用。记得有一次，朋友带一个四岁的男孩子来我的工作室，孩子只会用大喊大叫来表达。妈妈想抱他出去，我说稍等。爸爸和孩子说"别喊"，我也制止他。我用坚定的眼神和语气对孩子说"妈妈我要出去"，孩子继续大喊，我继续说，他继续大喊，直到第 28 次，孩子终于说"妈妈我要出去"。于是我让妈妈带孩子出去，因为孩子在实践正确的表达方法。记得使用时候是用孩子的身份来示范。

2. 环境教育法（塑造孩子的最好方法）

与其用嘴巴啰啰嗦嗦地教，不如给孩子提供一个良好的环境！所以父母要思考怎样为孩子打造优质的环境教育，最近很流行的"拼养"也是一种环境教育的方法。我管理的幼儿园有类似的"漂流瓶"，孩子五个一组，放学后轮流到一个孩子的家里做客，晚饭后，其他四个的家长才去接回家。这样孩子的生活就获得了丰富。

另外也有家长助教和假日小队等。《孟母三迁》的故事告诉我们：不要用嘴巴教孩子这样去做，而是设置一个环境，使得孩子不得不这样去做！其中，人是教育环境的最主要元素。

同样的，家里成人的教育观念及行为也要过关（家庭成员的教育行为是需要学习和特殊训练的，至少要有相关的商讨活动）。因为家人都是孩子的学习榜样，也是孩子接触到的第一环境。家人的观念要一致，不要妈妈说一套，爸爸说一套，价值观必须一致。"一个唱红脸儿，一个唱黑脸儿"的意思是态度有严格和宽松，而不是价值观不一样。现在孩子的适应能力更强、智商更高，如果成人价值观不一样，立场不同，孩子就会在不同人的面前说不同的话或有不同的行为表现，让自己获得最大的利益。最后，这个孩子就缺少了做人的原则，也就没有了个人的价值观念，所做的一切只是为了迎合不同的人。

当孩子准备上幼儿园的时候，幼儿园就是孩子第二个家，里面的人，就是孩子环境教育的另外一个主要元素。幼儿在一个充满爱心、和蔼的老师的照顾下，就会充满爱心、心态平和。特别要提到的是，一个幼儿园的老师，要是在同时照顾三十多个孩子的情况下还能够保持耐性，孩子受到老师的感染，其情商就会得到良好的发展。所以，我们的"个性化"实验班挑选和考核老师的主要元素就是"她的个人素质"和"对人对事的修养"，而并非她的"个人技能技巧"。

幼儿园另外一些对孩子影响最大的元素就是其他孩子。这些孩子的行为习惯，对自己的孩子会起到一个"交叉感染"的效果。当然自己的孩子也会影响他们。不过往往是"从坏习惯变为好习惯"比"从好习惯变成坏习惯"要容易得多。

有一些父母的观念是要给孩子所谓的"挫折教育"，让孩子在较复杂的环境长大，这个观点是错误的。一个人的心智成熟程度是需要时间历练的。幼儿期需要有序地慢慢地锻炼心智，就像训练举重一样：不可能一下子就举起很重的东西！教育的原则是要从浅到深、从易到难，循序渐进。幼儿的心智发展有其规律，即从孩子受到保护、受到鼓励，慢慢受到自身的比较、自我批评（每一个人都会追求更好）、再到与其他人（同类人、同等价值的人）的比较、受到"心中很重要的人"的评价和批评，再到"其他人的竞争、批评"……

3. 生活中的教育法（学习知识的最有效方法）

我有一个朋友，家里经济不是很宽裕，孩子三岁左右。因为在香港没有双休，一周只有一天能陪孩子，平时下班也很晚，孩子都睡了，所以他每一个星期天都会起一个大早，带孩子去坐双层巴士。他每一次都会选一条不同的路线，从一个站头坐到终点站。他们会挑最前面的座位，从玻璃窗看下去，沿路教孩子一些看到的东西。例如，路边招牌上的字，观察树的不同种类，比较建筑物的高度等。有时候还会观察其他乘客的行为，告诉孩子什么是正确的，什么是不对的。这就是生活中的教育。

从上面的故事，我们能够看到，教育孩子不是用金钱来衡量的，关键是你有没有在生活中捕捉到教育的元素。在生活的点点滴滴中教育孩子是父母的工作，也是最有效的教育方法。如带宝宝去公园，看到花，请孩子说一说这些花有什么不同，花的大小、颜色、数量、名称……花的歌、花的故事等都是可引导孩子观察、思考和比较的元素。

另外，在生活中的一些环节，能够让孩子做的尽量让孩子参与。让孩子学会如何生活，是家庭教育的重要内容。而在动手的过程中，孩子锻炼了写字需要的小肌肉。在参与的过程中，孩子的观察能力、识别判断能力、总结归纳能力……都得到了良好的发展，也培养了孩子积极工作的意识和习惯。所以生活中的教育，包括让孩子参与家务，也包括在生活中教育孩子、在生活中引导和开发孩子的潜能。

4. 共同做教育法（最有效让孩子"听话"的方法之一）

"If you tell me I will forget."你说的我会忘记！　"If you show me I will remember."你这样做我会记得！"If you do with me I will sure remember."和我一起做，我将记住不忘！这三句话就是告诉我们家长，教育孩子最有效的方法就是"和孩子一起做"。父母最容易犯的错就是用嘴巴告诉孩子自己的要求。用嘴巴告诉孩子，第一孩子不一定理解，第二孩子不一定记得住。因为这个时期的孩子还是处于"感肢学习期"，就是用感觉和肢体动作学习。他的记忆就是对这两种的输入（感觉和肢体）最有效，语言对孩子来讲，只是刚刚学习中的一个工具，还不能够有效地用来接受和明白指示，还不能有效地运用这种较高层次的沟通，我们的教育引导是应该按照孩子的生理、心理发展规律，由浅入深地进行。

最有效的方法是陪着他一起做。如吃饭，用嘴巴说"坐好一点"，不如走过去将他的脚放好更有效。再如收玩具，与其叫他收拾玩具，不如跟孩子说"和妈妈一起把玩具宝宝送回家吧"，然后与孩子一起动手送玩具回家。"一起做"是教育低幼孩子最有效的方法。

5. 重复性培养法（建立习惯的唯一方法）

什么是培养习惯？就是通过长期的固定模式之下的生活形成习惯。在习惯培养的过程中，有几个方面需要注意：第一要注意的是，了解什么是"长期"，在美国的学前教育调查中，低幼孩子需要 21 次有规律的重复，才能够对一件事形成习惯。这"21 次"的规律性重复，并不是指在一天内或是一次活动中的重复次数，而是当孩子对这一习惯表现出弱势、遗忘呈现下降趋势、需要加强和巩固时而进行的重复活动。而长期则是指这"21 次"的重复性活动，需要对一件事形成习惯所需的时间跨度，及针对重复的一贯性而言的。

第二就是"固定模式"。"没有变数的"才叫作"固定模式"。比如，要培养孩子把杯子放好，首先要有一个明确的位置才叫"放好"。如在桌面画一个和杯底一样大小的圆圈，教孩子将杯子放在圆圈内。但这样还是不够，因为杯子是可以在圆内旋转的，所以还要在圆圈旁边画一条线，让孩子将杯子的把与线对齐，这样才能叫放好。如果没有圆圈和线的标准，这一固定模式是不明确的，变数则很大。因此，没有明确的标准，如没有固定位置的圆、不画线，或是圆的位置变化了、标准线的位置变化了，都不能称之为"固定模式"，即使做到了"长期"的效果，也不一定会养成预期的行为习惯。

6. 温柔的坚持——嘴巴软行为硬教育法（让孩子以后温柔坚定地面对世界）

这是好多父母在教育方面常犯的错，常常反过来做"嘴巴硬行为软"如叫孩子吃饭，父母常会说"不吃我就打死你……不吃就饿着……不吃就没有了"这样的话，但若是孩子不吃饭，父母是不会真的打死孩子，而深夜时孩子饿了又会拿出食物给孩子吃的父母也是很普遍的。这就是"嘴巴硬行为软"的错误做法。这种做法只会让孩子学会不好的讲话态度，以后孩子会用"我要打死你，我要……"的态度对待人和事。我们不想孩子学会这样子的态度，我们希望孩子能够耐心、对人包容，更艺术更技巧地处事，这样的习惯才会让孩子在社会上更成功。所以我们就要用"温柔的坚持"教育法。

这个教育法就是要我们做到，在孩子面前，我们都要用好的态度，用包容的态度对待他。但是遇到原则上的事情也要坚持原则。再用吃饭这件事来举例，孩子不想吃就随孩子，但要告诉孩子吃饭时间之外没有吃的东西，若是深夜孩子饿了，也请态度友好地对待，千万不要说，"早就说过你了，不吃饭现在饿了吧……"应该这样说："饿了吗？我知道饿肚子很难受的，可是吃饭的时候已经过了，现在不是吃饭的时间，已经没有吃的了，不如我们早点睡吧，明天的早餐我们好好吃，把肚子吃饱……"

7. 温水煮青蛙教育法（解决孩子学习困难有效方法）：把要求分解，设定时间及阶段

如果把青蛙放到开水里，青蛙会立即跳出，是不可能将青蛙煮熟了，但是将青蛙放在温水中，慢慢地加热，就可以将青蛙煮熟……同样地，若是成人教育孩子一开始就订了过高的标准，太多与现有习惯差异较大的改变，孩子很难一下子做到、做好，就会引起很强烈的抵触心理或是很强烈的行为反应。

所以我们必须将要求分成若干小阶段，第一个阶段肯定是简单、容易、孩子立即能做到的，这个（适当的教育要求、不同能力层次的教育要求、孩子的"最近发展区"）就是温水。然后逐步将水的温度提高，即将教育的要求逐步提高，这就是用温水煮青蛙的方法来教育和引导孩子了。

如想让"孩子爱护玩具，每次玩过玩具后能收拾整齐"。刚开始可以只拿出一种玩具玩，当孩子能够将这一种玩具收拾整齐后，再在游戏时增加玩具的数量，或与孩子一同制定计划，将上周的玩具收起来，把本周要玩的玩具拿出来，将下周准备玩的玩具，做个较简单的计划，若是孩子可以每次将玩过的多种玩具收拾整齐了，则家长可以将玩玩具、收玩具这一事情完全交给孩子了。

也就是对孩子的要求是由浅入深的，先是学习收好一种玩具，再来收好两种、三种、多种玩具；先收好玩过的玩具，再取出要玩的玩具；先将这周的玩具收好，再对下周要玩的玩具作个计划；再到每一次玩时不限玩具的种类及数量，都可以将玩具收拾整齐……

8. 冷漠对待法（处理孩子故意捣乱的方法，但必须配合其他方法补充孩子缺失的需要）

有时候，家长的惩罚对孩子来说不一定是惩罚，许多时候孩子其实就是想引起家长的关注，所以家长骂他，说他不对，甚至打他，对他来讲就是获得了他的预期效果——引起关注。所以有时候，更有效的"惩罚"就是不回应。当孩子因想要引起成人的关注而故意做出的一些"捣蛋"的事情的时候，成人就要使用"冷漠对待法"来处理，当孩子意识到这样的做法是无法引起成人的关注时，就会放弃。

冷漠对待法可以运用于以下两种情况。1. 为引起关注，孩子故意打翻东西，家长可将东西摆好，不要评价甚至不用看孩子，即可。2. 当孩子开始做一些事情的时候，家长过度关注，有可能使得孩子会"玩给家长看"，而孩子自发的探究活动会变成没有人看就没意思、没人关注就没有欲望，或是看到成人的认可才继续下去……家长只需要陪在孩子的身边，让孩子知道有人陪伴即可，不要评价甚至不用看孩子，也可以做自己的事情，让孩子真正地自主游戏。"冷漠对待法"也可以配合下面的"描述性表扬"一起使用。

9. 描述性表扬（建立自律自觉和自学的自我评价标准的唯一方法）

即表扬孩子的时候要说清楚表扬什么。如宝宝画了一幅画，说"画得好"则太过笼统。应该上升到品德高度、普世价值的层面。例如，"妈妈看到宝贝很努力、很认真地画画，妈妈很开心宝贝这么认真和努力"。

再如，宝宝吃饭，说"宝宝吃得真好"，可是过了一会儿宝宝就又到处乱跑了……如果说，"宝宝能够坐在座位上吃饭……宝宝吃得很干净，桌面上、衣服上没有饭粒……宝宝吃得很认真，吃完饭才去玩……宝宝真能干，每一口饭都吃得很仔细，吃了有营养的青菜和肉……宝宝很注意安全，没有含着饭，而是把嘴巴里的饭吃完了才说话……孩子就会很清楚、明确地知道自己为什么获得表扬，自己哪里做得好，如何做得正确，从而明确地建立自己的价值观。

每个孩子都喜欢得到表扬，成人也是如此，但不具体地表扬，会使孩子只要听到表扬就开心，不表扬就不开心，或是为了别人的评价而做事，没有自我评价的能力……而描述性地表扬能让孩子清楚地知道如何做是对的、好的、更好的，当这个评价标准变得详细而被孩子理解的时候，面对其他人的评价时，孩子也能够很客观地对待。孩子就能建立自己的价值观，而非"人云亦云"，也不会因不客观的评论而苦恼……所以，描述性表扬的意义很重大！

10. 重复性回应法（当父母不知如何回应孩子时的方法）

重复性回应法就是，不带情感地重复回应孩子说的话。当我们和孩子聊天，他说到一些我们也不知道应该肯定还是否定的事情时，就可以使用。因为，当孩子和我们说了一些我们还不知道具体情况的事情的时候（如在幼儿园被人打了，是小朋友不小心碰到了？还是宝宝先抢了别人的玩具而被打？或是打人的小朋友是带有攻击性行为的……），在知道事情真相和知道如何处理这件事情之前，我们若是给予了不得当的评价，会对幼儿自我判断能力有所影响，但若是我们不给予回应，孩子就会感受到"没有获得关注"。

所以，这时我们的做法就可以是"重复性回应法"。如，孩子回家说："爸爸，今天在幼儿园有个小朋友打我，我很疼很生气……"家长看着孩子，让孩子感受到家人的关注，然后重复孩子说出的话，首先是"同理心"，然后用"重复法"："哦，爸爸知道你当时很生气，有个小朋友打你，你很疼，很生气！"

11. 手偶叙事法（让孩子说心事的方法）

有时，父母不知道如何与幼儿聊天，其中一个方法就是利用手偶，进入到某一个情境，利用角色代入法，进行教育、引导和情绪发泄。更多时候，父母问到孩子一些事情，孩子可能不愿提起或不敢说出来，这时可以用手偶叙事法，在情境中的角色对话时，孩子会将自己的感受说成是手偶这样想的，从而将自己的想法和感受说出来。

比如，孩子很怕某一个人，但是不敢说出被谁欺负，若是利用手偶代入角色，孩子则可能敢于说出"手偶"被某人欺负。爸爸左手食指画一个小猫（或小孩子）的样子（或拿一个手偶），右手画一个爸爸的样子（或拿另一个手偶）。爸爸对小猫说，今天你开心吗，小猫说，不开心，爸爸问，为什么不开心呢？小猫说，有人欺负我，爸爸问，是谁欺负你呢，是谁让你害怕呢……若是孩子心中有相关的不安，孩子可能会说出，我知道，是某某欺负小猫的，他在幼儿园里经常打小朋友的……爸爸说哦，原来是这样子的，我知道了……这就是手偶叙事法，主要目的是通过这方式，引导孩子说出自己真实的想法。当向孩子询问，孩子却不愿回应时，家长若是想找出事情发生的真正原因，或是引导孩子发泄情绪时，就可用手偶叙事法，将刚刚发生的事情或是曾经发生过的事情代入角色中，从而对幼儿进行引导和发泄。还有一种情况，就是当孩子的行为需要指引和教育的时候，直接地教育可能达不到效果，而用手偶叙事法，效果可能会更好。

12. 记录式行为改正法（最强大的行为改正方法）

即用表格，按时间（每天、一周）等记录进行奖励，项目要清楚明确，让幼儿明白其具体内容，奖励最好不要是物质的，简单到打一个星星都可以，或者是奖励幼儿晚上吃什么菜，奖励幼儿可以参与哪些家务等。

每天进行的记录式奖励。如下列表格：

每天早上起来自己穿衣服	每晚睡前刷牙	饭前洗手	饭后漱口	玩具收拾整齐

孩子做到了则奖励一个贴纸或做一个记号，并制定相应的"奖励制度"。如，集齐五个贴纸就可以选择晚上吃自己喜欢的菜（请妈妈做），集齐十个贴纸就可以决定周末去哪里玩；集齐十五个贴纸可参与倒垃圾、擦桌子、扫地、桌前摆碗筷、洗菜……用过的贴纸下次不能再用，需作记号表明已经使用。

13. 冷静惩罚法（对孩子唯一的惩罚方法）

惩罚幼儿不赞成用体罚，幼儿（6岁前）最极限的方式是"冷静惩罚法"。在家中选择一个地方（一个小房间、划出的一个圆圈等），可供幼儿"冷静情绪"，站在那里冷静五分钟，发泄情绪或学习控制情绪。

这是当幼儿不讲道理、情绪不稳定或不接受教育的时候，成人用严厉的态度，要求幼儿进行的一种反思方式。可准备一个挂钟，让孩子知道时间。

14. 聆听教育法（促进孩子心理健康和语言发展的方法）

我们培养聆听孩子的习惯，是为了让孩子从小就有和家长倾诉心里话的习惯。让孩子以后有任何心里话都会和父母讲，这是为孩子青少年时期应对外面复杂世界的"自身免疫"能力的一项投资。在进行聆听教育法的时候，"重复性回应"、"描述性表扬"等都是可用的方法。

15. 拥抱的教育（也是先情后理）

孩子由于生理、心理发展的特点，很多事情是无法被孩子理解和认识的，成人在面对孩子的各种"有异于成人标准的行为"时，请用"非认真"的态度。"不认真"的态度是不对的，而面对孩子时，很多事情不能太过认真，不能太较真儿。因为孩子的能力发展并未到"可以很好很正确地做"的水平。

所以，很多时候，处理不了的就抱一抱，这表示"先给孩子爱再教育孩子"，而不是"先教育孩子再给孩子爱"。身体接触对孩子来说是很重要的，"抱一抱"对孩子的感觉是亲近和温暖的，孩子慢慢长大了，从"呆在妈妈的肚子里"到"给妈妈抱在怀中"，再到"自己走、自己吃、自己睡……所有的事情自己做"，身体上的接触就越来越少了，而用语言说出的爱和用肢体动作表达出的爱的情感是不同层次的，孩子更喜欢、更渴望后者的表达方式——身体接触。

请体会和思考一下，"你不乖妈妈就不爱你"和"抱抱先，妈妈很爱你，知道你会乖的……"，这两句话的区别在哪里呢？

16. 选择性教育法（独立思维的基础）

尽量不用"不行、不对、不好"这样子的词语，而是给孩子有选择性的语言，如，吃完饭再看电视好不好，只买一个玩具好不好等。

除了涉及孩子的安全以外，其他事尽可能用可商量的、有选择性的语言，让孩子有选择的余地，让孩子来选择如何做，而不是家长要求孩子如何做。

17. 先情后理和情感交流法（建立幸福感的方法）

情感交流法，是双向的情感交流，每天固定时间与宝宝谈心，讲一讲今天有什么事情，如，妈妈很开心，你有没有开心的事情？你做了什么事情，如×××，妈妈很高兴，妈妈觉得这是你长大了的表现。

要点是讲自己的感受（不是责备），做到先情后理，先关心再教育。

18. 每人一句（一次）参与法（让孩子参与的最有效方法之一）

每人一句参与法，就是对孩子尽量使用问句，当孩子问时，同样使用问句，给孩子思考的空间，不要直接给孩子答案。给孩子的规矩，也不是大人强加给孩子的，是共同的约定。

这是在孩子不主动的情况下，引导孩子主动的方法。

19. 换位思考法（培养孩子情商的方法）

换位思考法，也是中级的招式。孩子小，爱打人，可以跟孩子说，如果我是××，你打我，我会很伤心的。或者说，我是一粒小沙子，我要在沙池里玩。也属于这一招。

还可以说，如果你××做，妈妈会怎么想你？老师会怎么想？这样慢慢引导孩子知道他人的感受。

20. 规范用语教学法（学习的最有效方法之一）

家庭统一规范用语、精准的语言能对孩子以后学习符号（文字、数学）打下良好基础。规范语言教学法，就是不能说吃饭饭、开车车，要说完整的句子。

21. 美术作品和音乐背景教学法（培养孩子全脑发展的方法）

美术作品教学法，就是带孩子去美术馆、博物馆，多欣赏一些好的作品。同时培养孩子信息分解的能力，还要引导孩子进行直观表达、关联表达和假设性表达的能力。

二、蔡老师关于教育法的访谈

（一）关于学习能力

蔡老师：知识分为知识量和知识的可运用性。大家都看过那种类似与小学生比一比谁聪明的节目，所以知道学生的知识量其实是够多了，剩下的是怎么运用的问题。学习能力不等于考试能力，所以不应该以学校成绩作为唯一标准，核心应该是是解决问题的能力，特别是解决新问题的能力，这里涉及心态、毅力、问题等。

知识量再大，但是死的也就等于没用。当你遇到情况，能激发、触发你有效地运用知识，这才叫好。在我们国家，触发人们使用自己的知识的唯一途径就是考试，这样下去是不行的。再过二十年，孩子们是要到国际上跟老外竞争的，如果我们今天不好好打造孩子的学习能力，将来就会一败涂地。举个例子，一个红色，如果只告诉孩子这是红色，相比孩子见到红色的衣服、红色的桌子、红色的车等一个个场景，然后归纳总结，这些都是红色的，再提到红色，脑海里会出现这一系列物品，意义是不是不一样？名词也是人创造的，因为我们叫它红色，所以是红色，例如外国人就不叫红色，叫 red。只知道名词的意义和因提到红色就出现一系列关于红色的东西的信息哪个更好？

人类是慢慢进化的，在这个过程中，人具有了概括的能力，能够把共性的东西归纳出来，应用于问题解决。

人和动物的区分，就是人有概括的能力，这个能力出生就有，只是要强化。以数珠子为例，28 个珠子，分 2 堆，分 3 堆，分 N 堆，让孩子数，孩子一直数到不用数就知道这是 28 个珠子。再拿 50 个石头给孩子数，分 2 堆，分 3 堆，分 N 堆，给孩子数，孩子数到不用数就知道这是 50 个石头。再拿别的数量、别的材料让孩子数，终于有一天，孩子知道同样的空间、同样的物质，无论怎么分，数量都不变的数量守恒的道理（数量守恒大概在孩子 5 岁以后才有这个能力）。这个就是通过大量的重复，去让孩子归纳概括。

（二）关于分科教学

蔡老师：分科教学，是现在的教育特色，这是我们没有办法改变的，但是，我们可以做得更好。如果我们能进行整合，效果就不一样。比如，我们在艺术、体能、生活课上，融入知识的教学，如数学、语言、英语。生活中任何一件事，都是无法分科的。炒菜可不可以只用物理？有没有艺术？有没有数学？就算最纯粹的学术性的东西，例如数学学术研究，写报告要不要用到文字？其实体育课、艺术课，可以做到科目整合，一样可以体现数学、语文、英语。

（三）孩子成长的智路

叮当：通过您的讲座，我们知道了孩子成长的智路是从直观到形象到抽象，可否请您再次讲一讲，怎么把这些串联起来？

蔡老师：简单地说，就是 3 岁以前是直观思维，3~4 岁是形象思维，5 岁抽象思维开始发展。当然这些不是过生日那天突然来临的，是在一个漫长的过程中发展而来的。

（四）什么样的育儿理念是正确的

叮当： 现在各种书籍、专家讲座太多了，家长怎样判断一种育儿理念是否正确呢？

蔡老师： 做父母的要注意，我们判断自己的教育方法对不对，一定要看它是否符合小孩成长的自然规律，违反了就千万不要用。

（五）塑造孩子可行，必须讲科学

叮当： 您说过幼儿教育的核心价值在于塑造，那我们到底要塑造什么呢？

蔡老师： 随着社会的发展和进步，孩子的成长过程越来越透明，让我们有可能去塑造孩子。以前的人们，对于这块的认知不够，总以为是不能够塑造的（其实是水平不够）。以前也不是没有塑造，塑造分有意识的塑造、无意识的塑造。以前多是无意识的塑造，现在随着专业性增强，认知增强，对可能塑造出来是什么样子能把控得更好。

梓锐： 孩子的哪一部分是不可塑造的？

蔡老师： 气质是天生的，性格是在环境中塑造的。

小满： 气质包括外向和内向，但内向还是有上下限的，有的内向到无法沟通，有的内向但沟通交际无问题，只是可能本身更偏向安静。那是不是说，外向和内向虽然是天生，但我们能补其不足，使其不成为短板？如内向的孩子可以多见见世面，外向的孩子可以通过游戏来锻炼专注力？

蔡老师： 是的。

（六）幼儿教育是"补全"

叮当： 到底要不要顺着孩子的个性来教育呢？为什么有的人不赞同塑造呢？

蔡老师： 我们可以对个性进行塑造的。比如大学生进入社会后，肯定是用其长处；但是对于低幼孩子来说，就是要补充其不足。

叮当： 这就像是补充维生素一样，缺什么补什么，补多了人体会自动排出去？

蔡老师（笑）：维生素有两个，维生素 A 和维生素 E，补多了排不出去。我在香港认识一个朋友的孩子，就是补多了，结果造成肝损伤。对于低幼来说，就是要补充其不足。全面发展。

叮当： 有的人认为不应该用外力改变孩子，而是应该顺其发展，对吗？

蔡老师： 我们是用环境来塑造，是间接指导。

（七）超前教育

叮当： 孩子中班时学写了数字和字母。我听过您的讲座，知道这就是超前教育。不过我发现一个现象，孩子写数字中的 3、4、5、6、7 全部是反的，字母 C 也是反的，这是什么情况？要不要干预？

蔡老师：孩子写反，这称为"镜象"。纠正的方法有两种（第一种我个人不喜欢）。第一，大量训练描红，让孩子熟练。第二，通过形象思维的引导，比如，从起点开始，去到那里做什么，然后再拐个弯，到了终点。

（八）什么是良好的学习习惯

王颖：大家都说，在学习上要建立一个好习惯，对于这个说法，蔡老师您有什么样的理解呢？

蔡老师：看到一个事物，就产生信息的敏感，这是我认为的好习惯。一个孩子，既能促进自己的思考，又能遵守课堂的纪律。在知识点的吸收上由从浅入深。然后再加上学习的专注力。这几点加起来，就是非常好的习惯了。

（九）关于国学潮

小满：现在流行让孩子背诵国学、背唐诗什么的，蔡老师怎么看？

蔡老师：背是可以，但应该利用低幼儿童良好记忆力的特点去背有价值的东西，而不是无价值的东西。比如，像《易经》这种奥妙无穷的智慧先背下来，以后可以慢慢享用。像《二十四孝》这种，故事没办法复制，有的还不合理，孩子也没办法通过背诵而达到孝的，硬背就没什么意义。

（十）孩子坐不住，不认真听讲

梓锐：对于幼儿园大班的孩子，上课坐不住，怎样引导？

蔡老师：如果不是生理方面的问题，主要考虑以下两个方面。第一，如果认知没问题，纯粹是坐不住的话，是不是缺乏集体意识，缺乏自控力。如果是这样的话，就在这个方面加强。例如在我们示范班里，常规是不能影响别人。我们引导孩子，你这样做，会不会影响到别人？通过这样的引导，让孩子自己思考，然后注意到他的行为。第二，学习上有障碍，是不是不理解、听不懂老师在说什么，又或者是孩子的能力强，觉得老师讲的东西太简单。所以要分清情况，进行引导。

（十一）幼儿绘画

梓锐：在阳台上用张很大的纸，给孩子（3岁）画画，孩子也可以在地上画，画完之后再冲洗，这样好不好？

蔡老师：这个年龄（3岁），目标是大肌肉运动，不在于画画的技巧。4岁以下的孩子，其实不应该坐着画画，而应该是走动的画。不要限制坐在一张小桌子前面画。至于投放材料，也不是纸越大越好，而是各种大小的画纸都应该投放，让孩子体验。

（十二）新的区域创设观念

蔡老师对区域划分实施了新的创举——打破旧的区域划分，把教室分为三个大的区域：

1. 知识传递区（以游戏为主导，而不是以材料为主导。投放高结构性游戏，如拼图。类似于美工区与建构区的混和体）；

2. 互动互助区（又称为合作分享区）在这个区域里给孩子一些任务，让孩子把在知识传递区吸收到的知识好好消化。这个区域投放的材料包括棋类，也包括像幽灵城堡这样的集体游戏；

3. 表现表达区（综合了手工、建构、表演区）。

新区域创设，除了三大区域的划分以外，还有专门的工具区。另外书籍，也全部是分类储存的，如百科类、绘本等

叮当：美工是静区，建构区是闹区，静区怎么能跟闹区放在一块儿呢？

蔡老师：美工区，对于 2～4 岁的孩子来说，是动区，因为孩子是站着画画的。到 6 岁才是静区。所以，静区和动区不是一成不变的。

另外，还可以根据实际情况，同一个区域里，相对的静区在一边，动区在另一边。

（十三）体能

蔡老师：现在的孩子被包裹得像一个粽子，这会产生新的东亚病夫。现在偏科偏得严重，体育课、艺术课被挤压得没有空间都是不正常的。

（十四）留白

蔡老师：给孩子提供拼插玩具，让孩子自由发挥，孩子自己都可以越玩越细。现在的孩子，不是学得太少，而是学得太多，没有留白的空间。

小满：蔡老师以前的空间里，有一篇文章说过，一部塞满数据的电脑，运行速度会不会很快？我们要做的，应该是提高内存的运行能力，需要的时候，可以快速地搜索到。我觉得这就和留白有关系。

（十五）给孩子提供的游戏道具，到底应该是真实的还是象征的

叮当：因为孩子的游戏是象征性游戏，所以我认为提供给孩子的游戏道具，尺寸可以是缩小的，适合孩子的身高。

小满：蔡老师说过，丹麦幼儿园的孩子，下雨天都是拿着真实尺寸的铁锹等工具。

蔡老师：这就体现了世界各国不同的文化。只有在北欧，崇尚的是征服自然，孩子从小就训练这种勇气。但我国不一样，这就像奥特曼，本身它不是一个好的教育材料，

而当所有的小朋友都知道奥特曼，但是你家的孩子不知道时，他就会成少数派，会被排挤。所以教育要符合中间群体的需要，没有绝对的好与不好。

（十六）考试要不要拿第一

叮当：我希望孩子考试拿第一名，但是我不会说出来，我会把这个目标放在心里。

小满：我以前上学的时候就总是第一名，心里不好受，所以我坚决不让孩子考第一名，成绩能排在前面就好。如果成绩落后了，孩子也会没有自信心，所以也不好。

蔡老师：我家孩子有一次考了100分，你们想想，在香港这个环境里，竟然有人拿100分。我没有高兴地表扬他，我对他说，惨了，你要是拿100分，你就没朋友了，因为所有的小朋友都希望第一名的那个小孩下次考砸。孩子说：那我都知道答案呀？我说，有不会答对的人，难道还有不会答错的人吗？

（众人笑）

三、蔡粉小小爸比学习感录

大家好！感谢大家给我这么一个机会，跟大家一起分享我的育儿感悟。我是中国传统"棍棒"思想下培养出来的，到现在为止，我觉得我最大的痛苦就是思想不自由，精神不独立。我是一个三岁儿子的父亲，从孩子出生到现在，我每年几乎有一半时间不在家里。由于传统思想和教育导致我现在无法跟父亲建立很好的心灵交流，那么如何和自己的儿子，尤其是男孩建立更好的亲子关系，更高效地建立亲子关系，成为我人生的新课题。

偶然的机会，我接触到了蔡老师的教育理念，更幸运的是能够加入示范班这个集体。以前的我是传统的教育思想，总是希望孩子按照我的方式来做，关注他的一言一行是不是我心目中的样子。后来经过一年多的学习，我的态度发生了转变。现在我唯一想的就是如何让孩子快乐，对孩子的期望只有一个，那就是做回他真正的自我。

跟孩子交流，我觉得最大的前提是耐心！耐心，耐心，还是耐心！小小上学时发生过一件事情，他非常恋他的被子。可能还是由于缺乏安全感，每天上幼儿园时都要带他的被子。如果换作以前的我，会毫不犹豫地把被子夺下来，把他抱出家门。经过老师的教导，经过我和孩子妈妈的配合，我们给予了孩子足够的耐心，相信自己的孩子能够度过这一关。从最初他带着被子每天去学校，一个人站在那里不参加集体活动，到后来慢慢地能够带着被子，把被子放在车上，自己走进学校，进而到最后根本不再提被子的事情，这中间持续了半个多月的时间。通过这件事情让我充分认识到，一定要耐心和相信孩子，让孩子自己面对问题，自己解决。

在跟孩子交往时，以前我总是说"不要做什么，你这样做是错的，你反省反省应该这个问题是不是做错了"，后来我发现对于一个两岁的孩子这样做根本没有用，还是应该运用蔡老师的正能量方法，告诉他正确的做法。比如，他打人了，我就告诉他"我要跟你拥抱，我想跟你握手"；他闹着不吃饭，因为孩子非常喜欢飞行员，我就引导他，我说"飞行员为什么会开飞机？因为他吃了很多青菜，吃了很多饭，身体非常棒"，孩子听了以后就开始吃了。

有一天晚上，孩子在沙坑里把沙子一把一把往外扔，我情不自禁地说了一句"小小，这样做是不对的"，但孩子没有任何反应，还在继续扔。后来我平息了一下自己的情绪，马上装作一个小沙子说"我是一粒小沙子，你让我离开了我的爸爸妈妈，我很希望跟你在沙坑里玩"，当我把这句话说完时，小小马上把手中的沙子放在沙坑里，然后蹲下来说"我想跟你在沙坑里玩"。

作为一个父亲，同时也非常忙碌，经常出差，那该如何高效地和孩子保持亲子关系呢？我觉得运用"游戏中学习"，在游戏中模仿，让孩子模仿做人做事的方法，同时在游戏中和孩子进行情感的交流，是很有效的。小小很喜欢（3岁年龄段孩子喜欢做的）角色扮演，回到家里不叫我爸爸，叫我最多的就是大鲨鱼、大袋鼠、大狗熊，甚至老乌龟。他是"小"什么，我就是"老"什么，我这个"老"什么都是听"小"什么的安排。我想带他去洗澡，就说"小鲨鱼想不想游水啊？老鲨鱼很想游水"，他就跟我一起去了。我就是通过这种角色扮演，很轻松、快乐的方式和孩子保持交往的。

我觉得作为一个父亲，也可以跟儿子进行情感的交流，我难过时，我会很直接地告诉孩子"大狗熊不高兴，你这样做大狗熊会难过的"，孩子也很容易理解，马上就纠正了他的做法。

我觉得教育孩子的过程就是不断修正自己、改正自己的过程，学会放手的过程、孩子的问题就让孩子自己面对，自己解决，让孩子发自内心地快乐，因为只有发自内心的快乐，才能够做到思想自由、精神独立。

四、虫虫上学实录——蔡粉学习记录

（一）虫虫上幼儿园

对于幼儿园，虫虫起初只是模糊的概念——因为妈妈对幼儿园的美好描述而让她向往。经历了两个月的时间，虫虫的变化很大，对幼儿园逐渐有比较清晰的认识了。回家能很清楚地说出小朋友的名字，说和哪个小朋友玩了，并且有了交朋友的意识……作为妈妈看到这些真的非常开心。由于示范班实行阶梯式入园这样人性化的做法，感觉孩子在老师的引导下很自然地就融入幼儿园的生活了，回家总是开心地模仿幼儿园做的游戏、唱的歌。

上幼儿园也培养了孩子比较好的生活习惯，比如洗手。我们之前也不知道正确的洗手方法（很汗颜），每次要孩子洗手都是要给她说很多次，或强行抱进去洗手间才洗手。但现在虫虫不管去了哪里，每天回家第一件事情就是主动洗手，边洗手边开心地唱老师教的洗手歌，洗手的方法也较以前正确了（老师也把正确的洗手方法图片传给了家长），吃饭前也会自觉地洗手。而且小家伙还会督促爸爸妈妈洗手，根本不用我使劲叮嘱孩子洗手，这点让我感觉特省心。

自从虫虫上了幼儿园，让我觉得很欣慰的地方很多，几乎每天都能发现她新的变化、新的成长。我想孩子的成长变化实际都在每个家长的预料中，而让我很意外的实际是对我这个做妈妈的影响之巨大：我体会到要教育孩子，首先自己要懂得自我觉察和自我成长。老师们传递给父母的这些正面的良好的教育方式，不仅让我们学习到了教育孩子的方法，而且这正面宽容的生活态度和思维模式对家长也非常有益。

在孩子的教育上，第一个让我学以致用的就是由命令式教育转向平等式引导教育。例如，对孩子说，你把书放到书架上！快点放！——转变成：宝贝，妈妈跟你一起把书放到书架上面好吗，然后跟孩子一起做，下次再慢慢引导孩子独立完成。当看到实际的教育效果的时候，我非常欣喜。感叹蔡老师的教育方法真的不是虚的，同时由衷地感受到，时代在进步，做父母的也应该与时俱进，要不断学习新的更合适的教育方法，不能再一味走我们老一辈的权威式教育老路。

还有对待孩子的态度，蔡老师说家长态度要温和、耐心，立场要坚定，同时在对待孩子的时候不要把自己的不良情绪施加在孩子身上。这点我们之前做得很不好，我和孩子爸爸一直是立场坚定有余温和耐心不足。但光听蔡老师说那些理论的东西最开始没有太大的感觉，随后碰到的相关的事情再结合蔡老师说的就让我有了感觉。一天放学接了虫虫去赶公交车，这个时间容易堵车，我担心要等很久，所以有点焦虑，可虫虫走在路上却很磨叽，走几步就停下来拣树叶，还很开心地给我看。我刚开始还耐心地说：宝贝，我们还要去赶公交车，能快点走吗？虫虫就像没有听到一样继续慢慢走、慢慢拣树叶，我就不耐烦了，说："你快点走好不好！要赶车的！要不然又要等好久！"虫虫拣起树叶，慢慢抬起头，小心翼翼地说："妈妈你喜欢我吗？"（可能孩子想说的意思是：妈妈你不喜欢我了吗？）看着孩子的眼睛，听着孩子说的话，我一下就意识到刚才态度太急躁太粗暴了。我蹲下来抱着她轻轻地说："妈妈当然喜欢你呀，妈妈最喜欢的就是你呀，妈妈刚才太着急了，所以态度不好了，不应该这样，我们一起拣好多种叶子带她们一起坐公交车好吗？"虫虫一下子就很开心地说："好呀，带树叶一起去坐公交车喽！"然后我们边聊天边拣着树叶走到了公交车站。坐在车上，我就开始反思了：是我不够豁达，公交车这辆走了还会有下一辆，我不应该为此而影响孩子的，我如果早能站在孩子的角度，一起去体会树叶的乐趣，或者耐心跟孩子说我们为什么要快点走。这样可能结果就不一样，不至于让孩子有不安的感觉。我又想起蔡老师说的那些话，心情很沉重。

我对待孩子真的不够耐心、不够温和，而且还把自己的不良情绪带给了孩子，孩子是很敏感的，我的不良态度不良行为都会对她造成不好的影响。我深深地感受到我们宣扬的那些教育理念不是光说下就行了，而是要不断提醒自己、身体力行。

继而在情绪方面我也开始留心了，面对孩子，我开始觉察自己哪怕是很细微的愤怒、不耐烦、冷漠……这些负面情绪只要稍微表现出来，孩子都会觉察到而且她的状态会因此而受到影响。从此面对孩子我会更加小心，也更加体会到了蔡老师教育理念的道理。

蔡老师那句关于好妈妈的描述让我感触特别深，也曾跟很多朋友讲过这句话："什么叫做好妈妈？好妈妈就是不管什么时候，你的孩子都觉得你是可信赖的，有话愿意跟你说。"这句话让我一下子恍然大悟：原来妈妈不是说光照顾好孩子的生活起居就行了，也不是说要给孩子制订多少学习目标。那么简单的一句好妈妈的标准，其实我们要做到并不容易，还是需要多用心去学习，多站在孩子的角度思考，放手让孩子成长，想办法和孩子做朋友。

由衷地感谢在陪伴孩子成长的过程中，我也走上了认识自己、成长自己的道路。从这个意义上来说，孩子是我的老师。感谢孩子，因为孩子让我获得了这样一个良好的学习环境，从而得以成长。

（二）三年过去，虫虫上小学了

虫虫上的是普通公立小学，她是示范班一路跟上来的孩子，我也是示范班出来的家长。虫虫上小学前的状态，是数学 5 以内的加法有掌握，语文认字数量在 20 个的样子。小学老师还比较关注她的状态，主动告诉我，她前两周不太明白纪律和老师的意思，但是两周后表现出来的状态很好，上课一直比较专注，能跟上进度。还没选班干部时老师就让她做了小组长，她每天自己作业完成很好，收发小朋友作业也很好。

三科老师都说她不像非传统幼儿园的孩子，感觉是有基础的一样，因为专注力很好，在学校人缘也不错，班级群里经常有家长说孩子回家了讲到虫虫。

我在家也觉得她做作业比较认真，也不排斥学习。而且我们每天学到 9 点才休息她也不抱怨，说很开心跟妈妈一起学习，学会了很多以前不懂的。每天我们坚持课外阅读，为了认字，她由幼儿园的看书看图描绘到认字，表现得也很热情，而且两个月认字飞速，完全不用担心认字问题，拼音也掌握得不错。数学 10 以内的加法测验是 99.5 分，英语听力首次不清楚状况是 92 分，第二次是 100。分数不代表一切，但是我觉得分数也能看出孩子掌握知识能力和进度。

我至今回想觉得最感激的是示范班，让孩子快乐度过了 3 年多，专注力非常不错，并愿意学习，没有因为提前学了小学知识而厌学。而我们家长其实一直也在学习实用的教孩子和调节自己的知识。并且由于示范班模式，我们也更了解各种家长的心态，知道孩子可能会面对的孩子之间的问题和家长的反应。

孩子也比较独立，懂得分享，每天都是自己根据第二天的课程表准备和整理书包。看到有同学没有带笔之类的都很愿意主动借，借了还都知道带回家，我个人感觉条理和逻辑也不错。

我真真切切地感受到示范班带给我和孩子的对那3年多、甚至对3年多以后的未来都是有积极的影响的！我非常承认和赞赏示范班的模式！

附录：
80、90后父母誓章及解读

我们共同承诺，塑造孩子，使他坚强到能认识到自己的软弱，勇敢到能面对惧怕。

坚强是什么？坚强不是匹夫之勇，不是那种口头的"不怕，我不怕"。真的勇敢是，我怕，但我愿意做。我知道这事是我怕的，不过我愿意面对。这个是真勇敢。勇敢不是不知道死活去冲，那叫匹夫之勇。真的勇敢是，我知道危险，我知道我怕，我还愿意去做。这才叫真勇敢。

在诚实的失败中，毫不气馁。在胜利中，还保持谦逊温和。

我们要求孩子知道竞争，可以失败，必须诚实。诚实比失败还重要。不气馁，输了就输了，你的孩子在我们幼儿园会经常受挫折，经常受失败，不过不是父母和老师给他的，是环境给他的，是其他孩子给他的。我们的工作是用正能量引导他看待这些事。

就像孩子学走路，摔跤了，你不管他，他自然爬起来走，所有孩子都是这样的。不要冲过去就说，"宝贝，跌的好痛呀。"这样你就给了他一个负能量。所以我们要正能量。在胜利的情况下，也要对别人谦逊温和。

塑造我们的孩子，不至空有幻想而缺乏行动。

有好构思的人大一堆，会想的人也有一大堆。你去北京打的士，出租车司机的想法基本上可以写论文了。问题是有好的构思没用的。马云讲过，"一个一流的构思加上三流的行动，还不如一个三流构思加一流的行动。"所以我们要求我们的孩子，不至于空有幻想而缺乏行动，一定要小孩动起来，会做才好了。

引导他认识真理，同时又知道，认识自己乃是真知识的基石。

就是让每个孩子了解自己，懂得自己，这才是真知识。你最后了解所有，但不了解自己，还是白白活了。

我们承诺，引导他不求安逸、舒适，相反地，经过压力、艰难和挑战，

我们要求孩子不要太安逸的。在这个幼儿园，没有饭来张口，衣来伸手。在这里上他觉得一定要经过压力、艰难和挑战。不过一定要记住，就是要有妈妈的爱支持，有老师的引导支持。我们给他后盾，但他一定要自己做。

学习在风暴中挺身站立，学会怜恤那些在重压之下失败的人。

道理很简单，我们从小就教孩子们点名，点完名了，哪一个没有来，谁生病了等。我们就会告诉小孩子，要打个电话去慰问他们。让小朋友从这些小事里，先关心身边的人，关心自己，关心社会，关心世界，慢慢关心宇宙。

后面的更重要：

我们塑造的孩子心地纯洁，目标远大。

我觉得心地洁净在中国太重要了，我们希望我们的孩子做什么要有良知，今天你赚了再多的钱，你喝水担心，你喝奶担心，你住的房子担心，你吃的食物担心，那还不如你的银行存款少几个零，大家一块好，大家一块好才是真的好。所以我们希望孩子心地干干净净、目标远大，不是为你面前几个臭钱，而是为了一生的目标远大，他知道人生在哪里。他是天上飞的鹰，不是地下打洞的老鼠。他可能吃饭没有地下的老鼠天天吃垃圾吃得饱，不过他是天上飞的鹰，他的眼界是不一样的。让小孩好好为自己活一次才是真的好。

在他指挥别人之前，先要懂得驾驭自己。永不忘记过去的教训，又能着眼未来，目光远大。当他拥有以上的一切，我们还要添上足够的幽默感。

在家里面你才会幽默，别总是对他很认真，毕竟还是个几岁的孩子。

使他能认真严肃，却不至过分苛求自己。让他谦卑，

谦卑很重要，人要谦卑。你再有本事，也只是一点点，做人一定要谦卑。

使他永远记牢真伟大中的平凡，真智慧中的开明，真勇敢中的温柔。

如此，我们才敢低声说，"我们没有浪费孩子的童年！"

什么是真伟大？就是你能够做了什么，心里面还是明白的，这才是真伟大。

图书在版编目（CIP）数据

80、90后养娃全攻略/蔡伟忠著 . —北京：中国
农业出版社，2015.1
ISBN 978-7-109-20091-3

Ⅰ.①8…　Ⅱ.①蔡…　Ⅲ.①儿童教育－家庭教育
Ⅳ.①G78

中国版本图书馆 CIP 数据核字（2015）第 011331 号

中国农业出版社出版
（北京市朝阳区麦子店街 18 号楼）
（邮政编码 100125）
责任编辑　黎春花

中国农业出版社印刷厂印刷　　新华书店北京发行所发行
2015 年 1 月第 1 版　　2015 年 1 月北京第 1 次印刷

开本：787mm×1092mm 1/16　　印张：9.25
字数：200 千字　　印数：1～20 000 册
定价：29.90 元
（凡本版图书出现印刷、装订错误，请向出版社发行部调换）